마크롱 혁명

Emmanuel Macron Révolution

에마뉘엘 마크롱 지음
강인옥 · 임상훈 옮김

프롤로그

현실을 직시하면, 우리는 다시 희망을 찾을 수 있다.

사람들은 프랑스가 쇠퇴하고 있고, 최악의 상황은 아직 오지 않았으며, 우리의 문명이 퇴보하고 있다고 생각한다. 분열과 사회적 갈등이 우리 사회에 잠재되어 있다. 세계의 거대한 변화로부터 프랑스를 보호하기 위해 우리는 과거로 돌아가 지난 세기의 방식을 적용해야 한다. 다른 사람들은 프랑스가 완만하게 내림세를 지속할 것이라고 상상한다. 좌파와 우파 간의 정권 교체 게임은 우리를 지치게 한다. 같은 얼굴, 같은 사람들이 오랫동안 그렇게 해 왔다.

나는 그들이 모두 틀렸다는 것을 확신한다. 이것은 단지 실패했던 그들의 모델, 그들의 방식이다. 국가 전체는 실패하지 않았다. 국가는 혼란 속에서도 이것을 알고 느끼고 있다. 여기에서 국민과 위정자들 사이에 '단절divorce'이 생겨났다.

나는 우리나라가 힘과 원동력, 발전하려는 욕망이 있다고 확신한다. 우리나라는 역사가 있고, 이를 이룰 수 있는 국민이 있다.

우리는 새로운 시대에 직면했다. 세계화, 디지털, 증가하는 불평등, 기후 위기, 지정학적 분쟁과 테러, 유럽의 쇠퇴, 서구 사회의 민주적 위기, 우리 사회의 중심에 자리 잡은 불신, 이것들은 격변을 겪고 있는 세계의 현상이다.

이 거대한 변화 속에서 우리는 같은 사람들, 같은 생각들로 대응할 수 밖에 없다. 과거로 돌아가는 것이 가능하다는 상상 속에서, 단지 우리의 기관과 우리의 '모델'을 고치거나 수정하는 것을 생각하면서, 그러나 아무도, 우리조차, 더 이상 영감을 기대할 수 없다.

또한 프랑스인들에게 계속적인 위기로부터 탈출을 보장하며 끝없는 노력을 요구할 수도 없다. 30년 전부터 우리의 지도자들이 끝없이 지속해 온 이러한 태도로부터 무기력과 불신, 나아가 혐오까지 초래되었다.

우리는 함께 진실을 직시하고, 이 시대의 거대한 변화에 대해 논의해야 한다. 우리가 어디로 가야 할지, 그리고 어떤 길을 통해서 이를지, 이 여행은 시간이 필요할 것이다. 이 모든 것들은 하루아침에 이루어지는 것이 아니기 때문이다.

프랑스인들은 자신들의 지도자들보다 새로운 시대의 요구에 대해 더 잘 알고 있다. 그들은 덜 순응적이며, 정치적 삶의 지적 위안을 보장하는 기존의 사고들에 덜 집착한다.

국가, 정치 지도자, 고위 공무원, 기업 경영자, 노동조합, 중재 기관이 모두 지금까지 관습에서 벗어나야 한다. 이는 우리의 책임이다. 현상에 타협하거나 피하는 것은 과오일 것이다.

우리는 우리를 걱정시키는 세상에 익숙해져 실제로 이름을 짓거나, 정면으로 바라보는 것을 원치 않는다. 그럼에도 우리는 불평하고 신음한다. 비극과 절망이 오고 있다. 두려움이 자리를 잡는다. 우리는 이에 안주한다. 우리는 변화를 원하나 진정으로 원하지는 않는다.

우리나라가 발전하고 잘되기를 원한다면, 우리 역사의 노선에서 21세기의 번영을 이룩하고 싶다면 행동해야 한다. 해결 방법은 우리에게 있기 때문이다. 이는 이루어지지 않을 제안 목록에 달려 있지 않다. 허술한 타협으로는 나타나지 않는다. 해결 방법은 깊은 민주주의 혁명을 전제로 하는 다른 해결책으로서 마련될 것이다. 이는 단 한 가지에 달렸다. 우리의 화합, 우리의 용기, 우리의 공동 의지이다.

내가 믿는 것은 이 민주 혁명이다. 이런 신념에 의해 우리는 프랑스와 유럽에서 우리의 혁명을 이끌어나갈 것이다.

이 민주 혁명은 내가 다음 페이지에서 그려 나갈 것이다. 여기에는 어떠한 계획도 찾을 수 없으며, 우리 정치적 삶을 실망하게 만드는 수많은 제안도 없다. 그렇지만 비전, 이야기, 의지가 담겨 있다.

프랑스인들은 자신들의 위정자들로부터 흔히 등한시되는 의지가 있다. 나는 바로 이 의지를 이용하고 싶은 것이다. 나에게는 우리나라를 위해 유익한 일을 하고 싶다는 열망 외에 다른 것은 없다. 이것이 내가 프랑스 공화국 대통령 선거에 출마한 이유이다.

나는 대통령의 소명을 잘 알고 있다. 나는 우리 시대의 심각성을 알고 있다. 그러나 다른 어떤 선택도 이보다 명예롭다고 생각하지 않는다. 왜냐하면, 우리가 이루고자 하는 것, 즉 진취적이고 원대한 프랑스의 재건은 우리의 에너지와 자존심이기 때문이다.

나는 내면 깊이 우리가 우리를 더 행복하게 만들어 줄 수 있는 약속과 변화로 가득한 21세기에 드디어 들어가게 되었다고 생각한다.

이것이 내가 여러분에게 제안하는 것이다.

이는 프랑스를 위한 우리의 투쟁이 될 것이다. 나는 아직 이보다 더 아름다운 것을 알지 못한다.

차례

01

나는 누구인가

나는 누구인가

내 이야기를 시작하면서, 먼저 내가 어디에서 왔으며, 무엇을 믿는지 말하고자 한다. 공적인 삶에 대해서는 진정으로 설명할 수 없다. 나는 38세이다. 내가 경제부 장관을 맡게 된 것은 원래 정해진 길이 아니었다. 지금 나의 주된 삶이 된 정치 활동 역시 그렇다. 나는 실제로 이런 과정을 설명할 수 없다. 결코, 확실하게 얻어진 것이 아닌, 이전의 약속, 자유에 대한 전적인 애정, 그리고 운이 가져온 결과만을 볼 뿐이다.

나는 1977년 12월, 피카르디Picardie 주의 주도州都인 아미앵Amiens에서 의사 집안의 아들로 태어났다. 내 가족은 직업과 재능으로 당시 성장하고 있던 부르주아 계층에 편입되었다. 내 조부모는 교사, 철도원, 사회복지사, 교량 엔지니어로서 모두 검소한 환경에서 자라온 분들이다. 내 가족의 이야기는 오토피레네와 피카르디 지방공화주의자의 발전과 역사를 같이 한다.

이러한 신분 상승은 지식을 통해, 좀 더 정확하게는 의료 분야의 진출을 통해 다음 세대로 이어졌다. 조부모에게는 이것이 왕도와 같았고 자식들이 이 길로 가기를 원했다. 내 부모님과 내형제와 자매는 모두 의사가 되었다. 가족 중에서 나 혼자만 이길을 따르지 않았다. 하지만 나는 항상 과학에 대한 애정이 있었으므로 의료 분야에 대한 거부감은 없었다.

내 삶을 결정할 때는 내가 바라는 고유한 세상과 모험을 원했다. 내가 기억하는 한, 나는 항상 내 삶을 선택하고자 하는 의지가 있었다. 학습을 장려하고 교육을 자유의 실습으로 여기는 부모님은 내게 어떤 것도 강요하지 않았다. 내가 되고자 하는 사람이 되는 것을 허락하였다. 이런 부모님을 둔 것은 내 삶의 행운이었다.

그래서 성장 단계마다 마치 어떤 확실한 사실을 발견한 것처럼 내 삶을 선택했다. 모든 것이 항상 쉬운 것은 아니었지만 단순했다. 많은 것을 배워야 했지만 배우는 것을 좋아했다. 실패도 있었으며 때로는 쓴맛을 보기도 했다. 그러나 내가 선택한 길이기 때문에 흔들림 없이 나아 갔다. 이런 배움의 기간, 그 어떤 것도 자기 자신의 자유로운 성향, 우리가 결정한 프로젝트의 추구, 재능의 실현만큼 소중한 것은 없으며, 이러한 재능은 누구나 가지고 있다는 것을 확신하게 되었다. 이러한 신념은 개인의 성장을 방해하는 모든 질서, 지위, 신분, 사회적 불공정을 인식하게 하였으며, 나중에 나의 정치 성향을 결정하였다.

할머니는 내게 공부하는 법을 가르쳐 주었다. 5세 때부터 학교에서 돌아오면 할머니와 함께 문법, 역사, 지리 등을 공부하느라 오랜 시간을 보내곤 했다. 할머니는 읽는 법도 가르쳐 주었다. 할머니 곁에서 소리 내어 읽는 데 며칠을 보내곤 했다. 몰리에르Molière, 라신Racine과 할머니가 좋아하는 작가인 조르주 뒤아멜George Duhamel, 프랑수아 모리아크Mauriac와 장 지오노Giono의 작품을 읽었다. 할머니는 내 부모님과 함께 나를 가르치는 즐거움을 공유했다. 내 어린 시절은 학교에서 돌아오는 나를 기다리는 할머니의 기다림으로 채워졌다.

이것이 내가 누린 행복으로 가격을 매길 수 없는 것이다. 항상 나를 걱정하는 가족이 있었다. 그들은 지금도 감동을 주는 레오 페레Léo Ferré의 노래, "너무 늦게 들어오지 마세요. 감기 걸리지 마세요Ne rentre pas trop tard, surtout ne prends pas froid."를 부르며 나를 걱정해 주었다. 이 때문에 시험, 글쓰기 등 어떤 것도 내게 전혀 중요하지 않았다.

다정함, 신뢰, 잘하고 싶은 욕망, 이런 단어는 내 어린 시절을 흔들어 놓았으며, 무엇보다 중요한 가치를 담고 있다. 많은 사람은 내가 가진 행운을 가지지 못했다. 그러므로 당연히 자신이 누린 것으로부터 서로 다른 결과를 내게 된다. 오늘날까지도 나는 프랑스 학교를 생각할 때, 교육자의 가르침에 이토록 깊이 부합하는 가치를 가졌던 내 가족과 학생들을 더 나은 곳으로 인도하고자 모든 노력을 아끼지 않았던 교사들을 생각지 않을 수 없다.

이 집중, 의지, 사랑은 아주 소수의 국가만이 실현 가능하며 우리는 이 불꽃이 모든 세대마다 꺼지지 않도록 주의해야 한다.

나는 어린 시절을 책 속에서 보내면서 세상과는 조금 동떨어져 있었다. 이는 프랑스 어느 지방 도시에서의 고요한 삶이었다. 행복의 삶, 읽고 쓰는 삶이었다. 텍스트와 말로 충분히 살 수 있었다. 물건들은 그것들이 묘사되었을 때 그 깊이를 깨달았으며, 때로는 사실보다 더 많은 사실을 얻곤 했다. 사적인 비밀 문학 수업은 세상의 모든 일에 의미를 부여하며, 평소에 무심코 스쳐갔던 것들을 깊이 생각하게 만들었다. 책을 읽으면 진정한 삶에 대한 생각이 뇌리를 떠나지 않는다. 그래서 나는 정신적으로 여행을 하곤 했다. 작가들의 문체를 통해, 그리고 점점 더 그 문체가 생성하는 매혹을 통해 자연과 꽃, 나무들을 알아갔다. 콜레트Colette의 소설을 읽으며 고양이나 꽃이 무엇인지 알게 되었으며, 장 지오노Jean Giono의 글을 통해서는 프로방스의 찬바람과 성격의 진실을 배웠다. 앙드레 지드Andre Gide와 장 콕토Jean Cocteau는 나의 소중한 동반자들이었다. 나는 부모님과 내 형제, 자매, 조부모님과의 행복한 은둔 속에서 살았다.

부모님에게는 공부가 필수적인 것이었다. 그들은 항상 이처럼 엄청난 관심으로 나를 보살피면서, 내가 선택하고 자유를 쌓아갈 수 있도록 도와주었다.

할머니에게 문학, 철학, 위대한 작가들은 그 무엇보다 소중했으며, 공부는 할머니의 삶을 바꿔 놓았다. 할머니는 바녜흐 드 비고흐Bagneres de Bigorre 지역의 검소한 가정에서 태어났다. 할머니의 아버지는 역장, 어머니는 가정부였다. 할머니는 가족 중 학업을 이어간 유일한 자녀였으며, 형제자매는 모두 노동자였다. 할머니의 어머니는 읽을 줄 몰랐고, 할머니의 아버지는 자세한 의미를 이해하지 못한 채 드문드문 읽을 정도였다. 할머니는 내게 어린 시절의 추억 하나를 이야기해 주었다. 할머니가 5학년이었던 어느 날프랑스 학제로 5학년은 중학교에 해당하며 12~13세, "모든 면에서 좋은 학생"이라고 적힌 통신문을 가지고 집에 돌아왔으나, 할머니의 아버지는 이를 품행이 가볍다는 평가로 여기고 할머니의 뺨을 때렸다고 한다. 졸업반이 되어 할머니는 자신의 재능을 알아본 철학 선생님과 만나게 되었다. 그는 할머니가 느베르Nevers에서 교사가 될 수 있는 학위를 받을 수 있도록 통신으로 학업을 계속하도록 도와주었다.

할머니는 어려운 환경에서도 빛나는 열정, 숭고한 헌신, 놀라운 인내심으로 마침내 교사가 되었다. 나는 할머니가 옛 제자들로부터 받은 편지와 그들의 방문을 기억한다. 할머니는 그들에게 우리가 지식에서 자유로 넘어가는 그 길을 보여 주었다. 그것은 가시덤불 길이 아니었다. 수업 후, 우리는 쇼팽을 들었고, 또 지로두G. raudoux를 발견하였으며, 핫초코를 마셨다. 할머니는 피카르디의 수공업자나 농민의 딸들이었던 자신의 제자들과 같은 출신이었다. 할머니는 자기가 알고 있는 단계로 그들을 이끌었고, 그들에게 아름답고 무한한 지식의 문을 열어주었다.

그 당시에는 가정에서 맞서 싸워야 할 많은 편견들이 존재했다. 하지만 어느 무엇도 할머니를 포기시키지 못했다. 할머니의 성격이 낙천적이었기 때문이다. 할머니는 자신이 개인적으로 경험한 것을 바탕으로 우리가 문명이라 부르는 것 중에서 최고를 전달한다고 확신했다. 그리고 딸들에게서 이것을 박탈하는 것을 용인하지 않는 것이 우리의 공동 명예였다.

아마도 내가 할머니의 마지막 제자였을 것이다. 이제 할머니는 세상에 계시지 않지만, 하루도 할머니를 생각하지 않거나 할머니의 시선을 찾지 않는 날이 없다. 내가 세상에 안 계신 할머니의 시선을 찾는 것은, 내가 해야 할 일에서 할머니의 가르침을 받기 위해서이다. 지난 몇 년간 나는 학교나 대학에서 히잡을 두른 무슬림 여성들에 대해 생각해 왔다. 반계몽주의의 억압이 이 여성들의 자유롭고 개인적인, 진정한 지식으로 접근하는 것을 방해하는 것을 알았다면 할머니는 매우 유감스러워했을 것이다. 그러나 할머니는 자신의 삶을 여성 교육에 헌신하였고, 프랑스와 같은 나라에서조차 그러한 관습이 계속되는 이유를 헤아려 볼 수 있었을 것이다. 그렇기에 우리가 금지, 대립, 반감 이외에 더 나은 것을 찾지 못한 것에 대해 유감스러워할 것이다. 이 분야에서 우리는 사랑 없이 어떤 좋은 것도 이루어낼 수 없다.

그리고 나는 이 행운을 얻었다. 나는 할머니의 얼굴과 목소리를 기억한다. 그녀의 추억들을 기억한다. 그녀의 자유, 그녀의 존재를 기억한다.

이른 아침부터 할머니 방으로 가서 할머니가 겪은 전쟁 이야기, 우정 이야기를 들었다. 어린 시절 중단된 대화의 실마리를 다시 시작했다. 소설을 읽듯이 할머니의 삶을 여행했다. 때로 할머니가 밤중에 끓이던 커피 향도 음미했다. 늦잠을 자는 날이면 어김없이 아침 7시에 내 방문을 열리면서 걱정스러운 목소리가 들렸다. "아직도 자고 있니?" 내가 쓰고 싶지 않은 모든 것과 영원히 나와 할머니를 연결하는 추억을 여행했다.

부모님과 대화도 책을 위주로 흘러가곤 했다. 부모님의 영향으로 더 철학적이고 현대적인 또 다른 문학을 알게 되었다. 몇 시간 동안 이어지던 의학 분야의 화제, 병원의 생활, 실무와 연구의 발전은 끊이지 않는 논란의 주제가 되었다. 몇 년 뒤, 심장병 전문의가 된 나의 형제 로랑Laurent과 신장 전문의가 된 자매 에스텔Estelle이 그 뒤를 이은 셈이다.

사실상 이 기간에 나는 노력, 자유의 발견을 위한 지식에 대한 갈망을 배웠다. 내가 그때부터 격렬한 활동의 기쁨과 책임감을 발견했다면, 지금은 사람들의 떠들썩함과는 먼 조용한 삶의 행복을 안다. 이는 보호하는 뿌리와 근원이다. 그리고 이는 나를 지혜롭게 한다고 믿는다.

나는 단 두 가지 활동을 했다. 바로 피아노와 연극이었다. 피아노는 어렸을 때의 열정으로 계속 이어져 왔다.

연극은 청소년 시절에 알게 되었다. 우리가 할머니와 함께 읽었던 장면에 대해 이야기하는 것, 다른 사람이 연기하는 것을 듣는 것, 함께 구체적인 웃음과 감동을 주는 순간을 창작해 가는 것 등 모두가 하나의 새로운 발견이었다.

고등학교 때 이 연극으로 말미암아 브리지트Brigitte를 만나게 되었다. 일은 은밀하게 진행되었고, 나는 사랑에 빠졌다. 연극과 관련된 우리의 지적 공모는 날이 갈수록 감정적으로 친밀하게 만들었다. 그 후 어떠한 대립도 없이 이 열정은 계속되고 있다.

매주 금요일이면 몇 시간씩 그녀와 함께 연극 대본을 쓰러 가곤 했다. 이것은 몇 달이 걸렸다. 우리는 공동으로 쓴 작품을 무대에 올리기로 결정했다. 모든 것을 함께 의논했다. 어느 순간 글쓰기는 핑계가 되었다. 나는 우리가 서로를 언제나 그리워한다는 사실을 알았다.

몇 년 후, 내가 원하던 삶을 영위하는 데 성공했다. 우리는 역풍에도 불구하고 떨어질 수 없는 사이가 된 것이다.

16세 때 파리로 가기 위해 고향을 떠났다. 이는 당시 많은 프랑스 젊은이가 하는 이동이었다. 이 사건은 나에게 제일 큰 모험이었다. 나는 소설에서만 존재하는 곳에서 살게 되었다. 귀스타브 플로베르Flaubert, 빅토르 위고Hugo 작품에 나오는 등장 인물의 길을 걸었고, 발자크Balzac의 젊은 늑대들의 야망에 이끌렸다.

나는 몽따뉴 생뜨 쥬느비에브Montagne Sainte Geneviève에서 살았던 이 시기를 사랑했다.

날마다 배우기를 멈추지 않았다. 이쯤에서 매년 학급 수석이었던 아미앵에서는 나의 이름이 진정으로 빛나지 않았다는 사실을 분명히 밝히고 싶다. 나는 무엇보다 부지런했고, 나를 둘러싼 참신한 재능, 수학의 진정한 천재성을 발견했다. 그리고 파리에서의 초기 생활은 학생들과의 경쟁으로 나를 내몰기보다는 살기로, 그리고 사랑하기로 결정한 시기였다.

나에게는 하나의 고정된 강박관념이 있었다. 그건 바로 내가 사랑하는 사람과 내가 선택한 삶을 사는 것, 그리고 이를 이루기 위해서는 무엇이든 하는 것이다.

파리고등사범학교 Ecole Normale Supérieure 의 문은 내게 닫혀 있었다. 낭테르 Nanterre, 파리 제10대학교 의 철학과에 입학했고, 기회를 얻어 파리정치대학 시앙스포, Sciences Po 에 들어가게 되었다.

이 시기는 계속되는 자유로운 학습, 발견, 만남들로 행복했다. 나에게 이렇게 큰 가르침을 준 이 장소들을 사랑했다. 나의 행운은 역사 교수님의 친절과 인내심으로 철학자 폴 리쾨르 Paul Ricoeur 를 만난 데 있다. 그가 문서를 분류하고 보존할 누군가를 찾던 중의 우연한 만남이었다.

나는 샤트네 말라브리 Châtenay-Malabry 의 뮤블랑 Murs Blancs, 1930 년대 철학자 에마뉘엘 무니에가 설립한 지성인들의 집단 공동체 - 역자주 에서 처음 만나서 보낸 시간을 절대 잊지 못한다. 나는 주눅들지 않고 그의 말을 들었다. 이는 나의 철저한 무지에서 비롯된 것임을 고백해야 하겠다. 리쾨르는 나에게 감명을 주지 않았다. 그건 내가 그의 작품을 읽어 보지 않았기 때문이었다. 밤이 돼서도 불을 켜지 않았다. 우리는 자리 잡기 시작한 암묵적인 동조 안에서 계속 이야기를 나눴다.

이날 밤 이후, 리쾨르의 텍스트를 작업하고 주해하고 그의 독서를 동반하는 특별한 관계가 시작되었다. 2년이 넘는 시간 동안 그의 곁에서 배웠다. 이 역할을 하는 데 있어 내게는 어떠한 지위도 주어지지 않았다. 그의 신뢰는 나를 성장시켰다. 그 덕분에 나는 매일 읽고 배웠다. 그는 자신의 작업을, 위대한 작품을 반복해 독서하는 것처럼 여겼다. 그는 흔히 자신을 거인의 어깨에 올라탄 난쟁이에 비유했다. 올리비에 몽쟁Olivier Mongin, 프랑수아 도스François Dosse, 캐서린 골드스타인Catherine Goldenstein 및 테레즈 듀플로Thérèse Duflot는 친근하고도 세심한 존재로 나를 깊이 변화시킨 이 시기를 함께했다.

리쾨르 곁에서 이전 세기를 배웠고, 역사를 생각하는 것을 배웠다. 그는 삶의 몇 가지 주제와 비극적인 순간들을 이해하는 데 필요한 근엄함을 내게 가르쳤다. 또한, 그는 삶의 영향력 아래서 어떻게 텍스트로 사고하는 데 이를 수 있는지 가르쳤다. 이론과 실제 간의 지속적인 교류 안에서 말이다. 폴 리쾨르는 텍스트 안에 살았으나, 세상을 밝히고 매일을 위한 의미를 건축하려는 의지와 함께였다. 절대 감정의 편린이나 다른 이들이 말하는 것에 굴하지 않을 것, 실생활에 맞지 않는 이론에 갇히지 말 것, 이는 생각이 구성될 수 있고 정치적 변화가 가능한 이 끊임없는, 그러나 풍부한 부조화 안에서 이루어지는 것이다.

우리는 스승에게서 배운 모습 그대로의 존재이다. 이러한 지적 수습 기간은 나를 변화시켰다. 이것이 바로 리쾨르였다. 중대한 욕망, 현실의 집념, 상대에 대한 믿음. 나는 이 행운을 얻었고 이를 알고 있다.

이 기간 동안 내게 생명력을 불어넣는 것은 단순히 학습하고 읽고 이해하는 것이 아닌, 알맞게 행동하고 구체적으로 변화를 시도하는 것이라는 확신을 품게 되었다. 그래서 법과 경제학으로 진로를 바꾸었다. 이렇게 나는 공공 행동Public Action을 선택했다. 오늘날까지 나와 함께하는 친구들의 도움으로 프랑스 국립행정학교ENA 시험을 준비했다.

이 학교에 입학해서 1년 동안 정부의 인턴으로 일하게 되었다. 이곳은 실제로 공무원들이 첫 경험을 얻고 교육을 받기 시작하는 곳이었다.

나는 이 인턴 기간과 실습을 즐겼다. 단 한 번도 프랑스 국립행정학교의 철폐를 변호한 적이 없다. 우리의 시스템 내에서의 결함은, 나머지 세상은 변화를 겪고 있음에도 오히려 과도하게 보호되는 고위 공직자들의 이력이라고 할 수 있다.

이후 나이지리아 주재 프랑스 대사관에서 국가를 위해 일했다. 훌륭한 대사였던 장 마르크 시몽Jean Marc Simon의 곁에서 6개월 동안 일할 기회를 얻었다. 이후 우아즈Oise 시청으로 가게 되었다. 여기서 나는 지방정부, 지방의회, 공공 정책 등 국가의 다른 면모를 발견했다. 열렬한 열정으로 이 시기를 보냈으며, 지금까지 견고한 우정을 이어오고 있는 미셸 자우Michel Jau를 만났다.

그리고 이때 나에게 소중한 인연이 되는 앙리 헤르만Henry Hermand을 만났다. 처음부터 우리 관계는 친구였으며, 정치 활동에 대한 공통의 열정을 나누는 관계였다. 이 예외적인 인물은 성공한 사업가로서 수십 년간 프랑스 진보주의의 동반자였다. 그가 내게 미셸 로카르Michel Rocard를 소개해 주었다.

이들은 몇 개월의 간격을 두고 2016년 세상을 떠났다. 15년 동안 나는 내내 두 사람과 교류했다. 그들과 정치적 대화뿐만 아니라 사적인 대화도 많이 나누었다. 나이, 경험과 수행한 직무 외에도 미셸 로카르와 나는 매우 달랐다. 그는 나보다 정당 문화, 그리고 모든 힘을 다해 이를 변화시키기 위한 의지를 가진 사람이었다. 그의 지적 요구, 결단력과 우정은 내 가슴에 깊이 새겨졌다. 그가 처음으로 내 안에 세상에 대한 근심을 심어준 장본인이다. 이는 바로 깊은 내력을 지닌 굵직한 국제적 이슈 또는 극지 수호까지 이른 그의 30년 투쟁, 기후적 원인과 관련된 것이었다.

ENA 재학은 내게 뜻밖의 기간이었다. 나는 그렇다 할 만한 특별한 사명도, 기준도 없었다. 이런 까닭에 내 성적은 내게 선택을 할 수 있는 행복한 놀라움을 선사했다. 회계 감사는 새로운 대륙의 발견과 같았다. 그것은 당연히 행정 분야이었으나 나에게 이 분야는 새로움의 매력을 지니고 있었다. 4년 반 동안 나는 확인의 엄격성, 이 영역에서의 풍부한 이동성, 공공 행동의 밀접한 관계를 배우고 여러 길로 연결될 수 있는 수습 기간을 거쳤다.

또한, 나는 국토를 횡단하면서 트루아Troyes, 툴루즈Toulouse, 낭시Nancy, 생로랑뒤마로니Saint Laurent du Maroni와 렌Rennes 등의 도시에서 몇 주 동안이나 시간을 보낼 수 있었다. 이는 국가 및 국가 요원들의 삶을 이루는 다중적 구조를 분석하고, 철저히 파헤치는 것을 배우는 연대의 순간이었다.

이때가 바로 자크 아탈리 Jacques Attali 가 의장이었던 프랑스 성장촉진위원회의 보고 책임자가 되었던 때이다. 나중에 동료가 된 40명의 위원회 구성원들과 함께 그의 곁에서 6개월 동안 일할 수 있는 행운을 얻었다. 이 위원회는 나에게 프랑스를 만드는 지식인, 공무원과 기업가를 만나고 그들을 통해 배우는 동시에 다양한 주제에 관심을 두게 된 기회였다.

이후 나는 공직을 떠나 민간 기업에 참여하기로 했다.

언젠가는 공직으로 돌아가리라는 것을 알면서도 그곳의 규칙을 배우고 국제 문제에 직면하고 싶었다. 이 모든 기간에 나는 항상 정치에 관심을 가지고 있었다. 〈에스프리 Esprit 〉 매거진에서 장 피에르 슈벤느망 Jean Pierre Chevènement 의 측근들과 교류하고, 일시적이으로 사회당에 참여하였지만 나의 길을 찾지 못했다. 시간이 지남에 따라 파드칼레 Pas de Calais 의 토지를 측량하며 우리 관계를 구축하였다.

그리고 로스차일드 Rothschild 투자은행 사업에 참여하기 위해 공공 부문을 떠났다. 그곳에서는 모든 것이 새로웠다. 여러 달동안 경험이 풍부한 젊은 사람들 곁에서 방법과 기술을 배웠다. 그들에게 지도를 받으며 경제와 산업의 쟁점을 이해하는 능력, 전략적 선택에서 지도자를 설득하는 능력, 그리고 그를 도와 전문가들 사이에서 이를 수행하는 능력으로 이루어진 이 낯선 직업을 발견했다. 이 기간에 경제 거래의 거대한 힘을 알게 되었다. 무엇보다 중요한 것은 세계의 흐름을 알았다는 것이다.

나는 이러한 삶을 우리 시대의 넘을 수 없는 지평선이라고 칭송하는 사람들의 견해나 돈의 노예로서 인간에 의한 착취라고 보는 사람들의 비판적 견해에 공감하지 않는다. 이 두 가지 견해는 모두 나에게는 시대에 맞지 않는 청춘의 낭만주의로 얼룩져 보였기 때문이다.

나는 많은 시간을 특별한 동료들과 함께 보냈다. 데이비드 드로스차일드David de Rothschild는 뛰어난 지성과 기품으로 섭외하기 어려운 재능 있는 인물을 한데 모을 줄 알았다. 왜냐하면, 이 직업은 돈을 다루는 것이 아니기 때문이다. 돈을 빌려주거나 투기하는 것과도 관계가 없다. 이는 가치가 있는 것, 결국 사람에게 조언을 주는 직업이다.

나는 은행에서 4년간 근무했으며, 전혀 후회하지 않는다. 이 세계를 모르는 사람들은 그곳에 있는 것에 대한 환상을 가지고 있기 때문에 많은 비난을 받는다. 나는 모든 책임 있는 정치가들이 알아야 하는 직무를 배웠다. 이후 내게 도움이 되는 여러 분야와 많은 국가를 발견했다. 그곳에서 의사 결정권자들과 자주 교제했고, 이를 통해서 항상 무언가를 배울 수 있었다. 그곳에서 일로부터 나를 해방시켜 줄 큰돈을 버는 대신 내 삶을 벌었다.

2012년, 신념을 가지고 공공 부문에 다시 참여하기 위해 은행을 떠났다. 이미 2년 전부터 올랑드 대통령의 요청으로 경제 부문의 개혁 프로그램과 이념을 준비하기 위해 참여할 것을 결정한 상태였다. 그가 당선된 다음, 프랑스 대통령의 제안으로 나는 엘리제궁에 합류했다. 그리하여 프랑수아 올랑드 François Hollande 대통령 곁에서 2년간 수석비서관으로서 유로존과 경제 분야를 담당했다.

공공 부문에서 일한 이 기간에 대해서는 크게 이야기할 것이 없다. 조언은 이를 발휘하는 사람의 것이 된다. 조언을 따랐든 그렇지 않든 내가 좋은 조언을 주었던 사람이기를 바랄 뿐이다. 분명 나쁜 조언도 주었을 것이다. 나는 모든 것을 인정한다. 모든 것이 잘되지는 않았다. 2년 뒤 자리에서 물러나 2014년 7월 엘리제궁을 떠났다.

나는 관례를 깨고 정치적 직위, 대기업이나 행정 기관의 요직을 요구하지 않았다. 나는 내 사업을 시작하고 가르치는 것을 선호했다. 나는 다시 돌아갈 것을 예정하지 않았다. 열정으로 가득 찬, 이른바 '직업윤리' 위원회는 프랑스의 대통령을 다시 보는 것을 사실상 금했다. 이러한 지나침은 비현실성과 비례하여 웃음을 산다. 나에게는 무관심한 일이었다. 나는 또 다른 길을 걷고 있었다. 그리고 그 후 다시 경제산업부 장관으로 대통령의 부름을 받았다.

나는 행동하려고 노력했고 지지를 받았다. 내가 유익하다 믿는 법률을 추진하기 위해 국회에서 몇 시간을 보냈다. 규제를 풀고, 접근을 개방하고, 활동을 지원하고, 구매력을 회복하고, 일자리를 창출하는 법이었다.

나는 혁신과 투자에 기반하여 야심 찬 산업 정책을 설계하고 싶었다. 수년 동안 약화된 우리의 선행 과제는 푸조 시트로앵 그룹PSA이나 아틀랑티크 조선소와 같은 눈부신 재건을 도모하면서 에너지와 열정으로 우리의 산업을 지켜내는 것이었다. 원자력이나 석유 관련 분야처럼 어려운 구조 개혁이라도 우리 산업과 경제 주권이 도움이 되는 '통찰력 있는 의지주의' 정책을 이끌고 싶었다. 그렇다고 해서 내가 절망적인 상황에 마주해 공적 개입주의의 한계에 대해 환상을 품은 것은 아니었다. 나 역시 슬픔으로 겪은 실패를 알기 때문이었다. 투자 원조, 구체적 해결책이 있는 우리 산업의 동원 및 '프렌치 테크French tech'의 개발과 함께 나는 내일의 산업을 준비하기를 바랐다. 우리나라에서 이 분야의 새로운 바람이 불고 있었기 때문이다.

그리고 차단과 대립의 시간이 도래했다.

2015년 가을의 테러 이후, 프랑스에서 새로운 경제적 기회를 파악하기 위한 불가피한 전략에 대한 단념, 진정한 개혁적 의지와 더 큰 유럽의 야망에 대한 결핍, 프랑스라는 국가성의 실추를 둘러싼 비생산적 토론은 일에 대한 해답 없이 국가를 분할시킨 토론이었으며, 오류를 넘어선 진정한 정치적 과오처럼 보였다. 위기와 사회적 절망이 극단주의와 폭력을 양산하고 있었음에도 우리의 주변국들이 지속적으로 실업을 축소시키는 해결책을 발견했을 때, 내가 보기에 진정 선언되어야 할 국가 비상사태는 경제적, 사회적인 것이었다.

나는 이러한 인식의 차이를 감추지 않았다. 장관으로서 나의 행동은 분석 오류, 기술적 무능력, 개인적 속셈에 둘러싸여 억제되었다. 2016년 4월 6일, 내 고향인 아미앵에서 앙 마르슈En Marche, 전진 운동을 개시하며 정치적 발의를 하기로 결심했다. 내 행동에서 어떠한 장애물을 만났든지, 이 정치적 발의는 결코 '반대'가 아닌 '찬성'으로 이루어졌다. 앙드레 말로Andre Malraux가 정확하게 "반대는 존재하지 않는다. Le contre n'existe pas"를 말한 셈이다. 나는 '찬성'을 추구하는 사람이다. 나는 부정적인 결과를 예상했던 정치적 분열을 극복하고, 반드시 국가를 재정립하기 위해 노력했다. 우리의 자녀들이 부모 세대보다 더 나은 삶을 살기 위해서는 계획을 세우고 역사의 흐름에 따라 역동적으로 나아가야 한다. 프랑스 사회를 혁신하려는 우리의 열망을 이루기 위해서는 새로운 얼굴, 새로운 인재를 발굴해야 한다.

잇따른 몇 개월 동안, 나는 명백한 사실을 알게 되었다. 이는 내가 정부를 떠나야 한다는 것이었다. 이것이 바로 내가 해야 하는 것, 나를 따르는 사람들, 내가 가지고 있던 국가에 대한 생각에 대한 일관성 있는 답변이었다.

사람들이 나에 대해 불렀던 배신의 노래에 대해 한마디만 하고 싶다. 더도 말고 딱 한마디만. 이것이 현대 정치의 도덕적 위기를 시사하는 기반이라 생각한다. 사람들은 단순히 대통령이 나를 장관으로 임명했으므로 내 의견을 포기하고, 내가 옳다고 믿는 것을 실현하기 위해 기계처럼 대통령에게 복종하고 그의 운영에 따라야 한다고 말한다. 도대체 무엇을 말하고 있는 것인가? 공공재의 개념은 서비스가 제공되기 전에 사라져야 한다. 나를 압도하고자 하는 사람들이 정치는 기본적으로 중도의 룰, 즉 순종과 개인적 보상에 대한 기대를 따르는 것이라고 말하는 것을 보고 크게 놀랐다. 프랑스인들이 정치로부터 멀어지거나 양극단으로 향하는 것은 이러한 관례에 대한 직관적인 반감으로부터 비롯되었다 생각한다.

내가 가지고 있을 부채에 대한 프랑스 대통령의 발언은 과오였다 생각한다. 그가 공무의 존엄과 정치적 삶의 기초적 가치들에 매우 가치를 두는 것을 알고 있다. 그러나 채무자들 사이의 조정이라는 이 해로운 개념에 동조하는 것은 한순간이었다. 이러한 연유로 존경은 여전히 나를 떠나지 않은 채 슬픔을 안고 그로부터의 작별을 선택했다. 그는 내게 국가를 위해 일할 수 있는 기회를 주었고, 그 후에는 그의 곁, 정부의 일원으로서 참여할 기회를 주었다.

나의 충성은 당이나 직무 혹은 어떤 사람이 아닌 오로지 내 나라로 향한다. 나는 내 조국을 위한 헌신을 위한 지위만을 선택해 왔다. 처음부터 이 마음을 가져왔으며 그 이후로 변함이 없다. 나의 길에 장애물이 놓였을 때, 아이디어와 인적 쇄신의 결핍, 보편적 나태함은 어떤 유익한 행동도 더는 불가능하다는 것을 보여 주었다. 나는 이때문에 장관직을 사임하였다. 공무에 대한 나의 견해는 경력 운용도, 줄을 서 티켓을 기다리는 것도 아니다. 어떤 것도, 특히 충성이 그들의 국가가 아닌, 모든 것이 그들로 하여금 특혜와 소득을 보장하는 시스템으로 향하는 자들의 비평 혹은 중상모략은 나에게 의미가 없다. 문제의 핵심에 우리는 다다른 것이다.

이 모든 시간에 브리지트는 나와 함께해 왔다. 우리는 2007년 결혼했다. 이는 은밀하게 가려졌던, 그들에게 감동을 주기 전 많은 사람에게 이해되지 못했던 사랑의 공식적인 공인이었다.

나는 아마도 꽤나 완강했던 것 같다. 우리를 갈라놓기에 충분했던 온갖 상황들과 맞서 싸우기 위해, 첫 순간부터 우리를 강요했던 것들의 법칙에 저항하기 위해 말이다. 그러나 진정한 용기는 그녀의 것이었다는 것을 고백하지 않을 수 없다. 용감하고 인내심 있는 결심, 그것은 그녀의 것이었다.

브리지트는 3명의 자녀와 남편이 있었다. 나는 그저 그녀의 학생이었을 뿐 그 이상, 이하도 아니었다. 그녀는 내가 가진 것들로 말미암아 나를 사랑하지 않았다. 어떤 상황 때문에 나를 사랑한 것도 아니다. 내가 가져다줄 수 있는 안락함이나 안전을 위한 것도 아니었다. 그녀는 자신의 자녀들에 대한 지속적인 근심을 안고 나를 사랑했다. 어떤 것도 강요하지 않고 부드럽게, 자녀들이 생각할 수 없는 일이 벌어질 것에 대하여 이해시켰다.

우리 삶을 다시 모으려는 그녀의 의지가 우리 행복의 조건이라는 것을 알아차린 것은 훨씬 후의 일이었다. 그녀 덕분에 그녀의 아이들은, 조금씩 이해하고 받아들였다고 확신한다. 우리는 조금은 예외적인, 확실히 다른 또 다른 가족을 이루었다. 그러나 우리를 엮은 힘은 더욱 물리칠 수 없이 강한 것이다.

나는 항상 그녀의 헌신과 용기에 감탄했다.

프랑스어·라틴어 교사로서 그녀는 지혜로운 열망을 가지고 훈련하고 연습하기를 그치지 않았다. 그녀는 30세에 발견한 이 직업을 무엇보다 사랑했다. 나는 그녀가 어려운 상황에 있는 청소년들과 많은 시간을 보내던 것을 봤다. 자상한 그녀의 감수성이 그들의 상처를 이해하고 어루만졌다.

또한, 그녀는 어머니로서 정답지만 단호한 결의를 지니고 있었다. 그녀는 자식들 각각의 삶과 학업을 동반했다. 항상 그들에게서 원하는 것에 대한 확고한 태도로 그곳에 있는 어머니였다. 세바스티앵Sébastien, 로랑스Laurence, 티펜Tiphaine은 단 하루라도 어머니의 눈길과 관심에서 벗어난 적이 없다. 그녀는 아이들의 나침반이다.

점진적으로 나의 삶은 이 세 명의 아이들 그리고 그들의 배우자인 크리스텔Christelle, 기욤Guillaume, 앙투안Antoine, 7명의 손자들로 채워졌다. 엠마Emma, 토마Thomas, 카미유Camille, 폴Paul, 엘리제Elise, 앨리스Alice와 오렐Aurèle이 이들이다. 우리는 이 아이들을 위해 싸운다. 나는 그들에게 충분한 시간을 쏟지 못한다. 이 시간들은 그들의 눈에는 없어진 시간일 것이다. 이것 역시 내가 시간을 낭비할 수 없는 이유이다. 우리 가족은 내 삶의 기반이자 나의 안식처이다. 우리의 역사는 온 힘과 진정을 다 해 확신할 때, 순응주의에 그 어떤 것도 넘겨주어서는 안 된다는 뿌리 깊은 의지를 주입시켰다.

02

내가 믿는 것에 대하여

Emmanuel Macron Revolution

내가 믿는 것에 대하여

앞 장의 몇 페이지로 내 삶이 요약되었다. 적어도 우리가 정치 활동에 참여할 때 말할 만한 정도이다. 가끔은 야심가, 바쁜 사람처럼 보이는 내 여정을 설명해야만 했다. 그러나 나는 그렇게 내 여정을 바라보지 않는다. 아직 젊은 나는 단지 다른 이들에게, 나의 부모님뿐 아니라 나의 조부모 또는 스승들에게, 그리고 커다란 시련의 대가로 우리에게 남겨진 세대를 통해 계속 갚아야 할, 자유에 대한 사랑을 실현했을 뿐이다.

나는 나를 믿어준 사람들에게 진 내 빚을 알고 있다.

특히 무엇보다 조국에 진 빚을 알고 있다. 이 빚에 대한 의식이 나를 행동하도록 전진시킨다.

그러므로 나는, 나를 진정으로 그의 한 부분이라고 인정하지 않는 정치 시스템에는 어떤 대가도 바치지 않기로 결심했다. 내가 정치적 삶의 규범에 저항하려 결정했다면, 이는 내가 이 규범들을 한 번도 용납하지 않았기 때문이다. 나는 진정으로 민주주의와 국민과 관계의 생명력을 신뢰한다. 그러나 나는 프랑스인들의 분노를 듣고, 그들의 기대를 고려하고, 그들의 지성에 호소하며 직접적인 교류의 풍요를 이루는 것을 되찾고 싶다. 이것이 내가 한 선택이다. 이것이 직접적으로 국민에게 다가서고 그들을 참여로 이끌고자 하는 나의 야심이다.

나는 오늘날 우리나라가 최상의 직책을 맡고 있는 듯 우기는 정치적 삶을 살아야 한다고 가르치는 카스트 순응주의를 믿지 않는다. 이 시스템에 대한 진정한 자유를 갖는 것과 동시에 법률제정과 공공의 선택의 내밀함을 아는 것, 이 모든 것이 힘이라 생각한다. 그리고 내가 시작한 싸움에서 나를 돕는 힘이 될 것이라 믿는다.

오늘날 우리의 상황은 허용할 수도 참을 수도 없기 때문이다. 우리는 우리의 슬픈 열정, 질투심, 불신, 불화, 인색함, 때때로 정세 앞에서의 비열함으로 움츠러든 듯하다. 그러나 내가 물려받은 문화는 반대로 자유, 유럽, 지식, 보편적인 것에 대한 우리의 즐거운 열정이다. 이에 대한 열정을 되찾고 실현하는 것은 우리에게 달린 일이다. 내가 정치 활동에 입문한 것처럼, 우리에게 필요하고 우리의 영혼을 되찾게 할만한 이 운동에 참여하기 위해 이 책을 쓰게 되었다.

정치인들이 자기가 누구인지에 대해, 더 나아가 자기가 하고

자 하는 것에 대해 쓸 때, 사람들은 그들을 거의 신뢰하지 않는다. 이에 대해 불평하는 것은 잘못된 일이다. 우리는 힘이 가진 혜택을 입으면서 동시에 대중의 경외를 누릴 수 없다. 이 하찮은 도취는 상당히 저속하다. 그룹의 중심이 되는 것, 예전처럼 대접받는 것, 재능으로만은 이르지 못할 명성을 누리는 것…, 이것들은 위험하다. 이런 삶에 만족해하다가 30년의 정치 생활 후 실속 있는 것을 남기지 못한 채 사라지기 때문이다. 그러나 사실상 이것들은 그다지 중요한 것이 아니다. 나에겐 행동과 실현만이 중요하기 때문이다. 이것 없이 정치 생활은 가치가 없다. 행동, 변화에 대한 의욕이 많은 의원이 그들 안에 가진, 그리고 그들의 하루하루 삶에 활기를 불어넣는 요소이다.

정치는 '통제된 직업'이 아니며, 그렇게 되어서도 안 된다. 선거 민주주의는 내가 보기에 다른 권위를 표현하는 것 같다. 이것이 우리가 시장들과 다수의 지역의원에게서 찾을 수 있는 것이다. 프랑스에는 60만 명의 시장과 지역의원들이 있으며, 이 중 3분의 2가 무상 봉사자 직위이다. 이들은 시간을 따지지도 않고 비난의 대상이 되거나 공익을 위해 활동한다. 수세기 동안 그들의 가족을 먹이기 위해 일한 수많은 의원과 결정권자들에게서 역시 찾아볼 수 있는 모습이다. 그들은 위험을 감수했으며, 조국과 공공의 것에 대한 사랑으로 정치 활동을 선택한 자들이다. 나는 이로 인해 정치에 참여하고 싶었다. 우리의 권위와 오늘날 내가 프랑스에 가능하다고 믿는 것을 말하기 위해서 말이다.

이를 위해 우리는 되어야 마땅한 일을 해야만 한다. 프랑스는 의심, 실업, 물질적 구분, 그러나 특히 도덕적 분열에 침식당했다. 이 침통한 상황을 넘어 방향을 잃은 명분으로 인한 운동과 이것으로 사는 정치인들의 관련 진술이 끊임없이 쏟아진다. 이를 체념하고 받아들이는 것은 내게 불가능한 일이다. 그렇다면 이는 누군가, 혹은 어떤 정치인, 선거의 구원을 기다려야 한다는 의미일까, 대통령 선거일까? 내 생각은 다르다. 왜냐하면, 나는 프랑스 민주주의자이기 때문이다.

민주주의자, 나는 사람들이 예상하지 못한 에너지를 가지고 있다고 생각한다.

프랑스인, 나는 우리의 운명은 천 년도 넘는 시간 동안 우리를 바라보는 이 역사의 끈을 다시금 묶고, 이 비교할 수 없는 자리를 국민 간의 조화 속에 지니는 것이라고 본다. 프랑스는 프랑스가 지탱하고 있는 지위로 사랑받는다. 프랑스가 지닌 목소리로 사랑받는다. 이 국가의 문화, 힘, 국민, 언어 그리고 재능으로 말이다. 프랑스가 이 자리를 지킬 때, 그 자체로 강하고 자랑스럽다. 프랑스는 항상 이 모든 것에 준비되어 있다. 단지 그가 가진 힘을 재조직해야 할 뿐이다. 우리는 지금 이 시점에 있는 것이다.

국가로부터 오는 정치인의 직책은 국민에게 무엇을 해야 하는지, 혹은 복종해야 하는지를 말하는 것이 아니다. 이들의 직책은 국민을 섬기는 데 있다. 많은 곤경과 실패한 정책들을 뒤로하고 섬기는 것은 이 숨겨진, 그러나 여기에 존재하고 있는 선과 정의를 갈망하는 의지를 믿는 것이다. 국가에 대하여서는 그러므로 먼저는 규제하고, 금지한 뒤 통제하고 벌하는 것과는 무관하다.

그 자신도 선을 실현할 수 없는 중재자적, 허약한 사회기관의 보호자를 자처하는 것과도 무관하다. 반대로 국민들로 하여금 위대한 역사의 창시자로서의 운동을 되찾도록 해주어야 한다. 사회가 스스로 주도하고 경험하며 적절한 해결책을 찾을 수 있도록 해주어야 한다. 드골 장군Le general de Gaulle은 피에르 망데스 프랑스Pierre Mendès-France와 마찬가지로 정치는 현실에 직면해야 한다는 것을 어느 누구보다 주창했다. 나도 이들과 의견을 같이 한다.

또한, 정치를 하는 것은 독단적인 신념을 집행하는 것을 의미하지 않는다. 나의 정치적 견해는 완고한 이데올로기 신봉자들과는 정반대라고 할 수 있다. 우리 국민은 그들이 이끄는 추상적인 정치적 토론에 대해 더는 책임을 기대하지 않는다. 국민은 그들이 의미를 부여하고 구체적이고 효과적인 해결책을 발전시키기를 바라고 있다.

특히 정치인에게 기업은 쉬운 분야가 아니다. 기업에 관여하기 위해서는 매우 편리한 생각의 패턴을 넘어야 한다. 어떤 면에서는 편안하지만 더 이상 유용하지 않을 수 있다. 유용성이란 단순히 용납할 수 있는, 공평한 세계의 출현에 이바지할 수 있는 것을 의미한다.

과거의 위대한 정책, 프랑스에 유용한 정책은 항상 이 정신으로 영감을 얻었다. 드골은 어느 누구보다 프랑스의 위대함을 알고 있는 지도자였다. 그러나 그는 자신이 어렸을 적 배운 프랑스 제국을 단호히 포기했다. 국가의 미래가 유럽 대륙에서 이루어질 것을 이해했기 때문이다. 피에르 망데스 프랑스는 어느 누구보다 정의로운 의식을 가진 지도자였다. 그럼에도 불구하고 그는 1945년 드골에 반대하여 엄정한 예산 집행을 주창했다. 그는 현상적인 이면에 사회적으로 불행한 방임주의가 발생할 수 있음을 보았기 때문이다.

나는 다른 시대의 대립에 나 자신을 가두는 것으로 귀착되지 않았다. 사람들은 좌파와 우파 사이의 대립을 넘어서고자 하는 내 의지를 왜곡하고자 했다. 좌파에서는 자유주의 배반으로 나를 고발하고, 우파에서는 좌파의 스파이로 취급했다. 나는 자주적 행동, 책임과 개인의 창의성에 어떠한 여지도 주지 않는 과거 도식으로 인해 방해받는 정의에 대한 갈망을 보고 있는 것에 만족할 수 없다. 만약 자유주의가 인간에 대한 신뢰를 의미한다면 나는 자유주의자로 규정되는 것에 동의한다. 왜냐하면, 내가 보호하고자 하는 것은 각 개인이 그들의 나라에서 그들의 가장 깊은 희망에 부합하는 삶을 찾을 수 있도록 하는 것이기 때문이다. 그러나 만약 또 다른 한편으로 돈이 모든 권리를 보장하지 않고, 자본의 축적은 개인의 삶에 있어 넘지 못할 선이 아니며, 시민의 자유는 부당한 공권력에 희생되어서는 안 된다는, 가장 가난하고 취약한 자들이 차별 없이 보호받아야 한다고 생각하는 것이 좌파라면, 나는 또한 좌파로 분류되는 것에 동의한다.

우리의 정치적 삶은 오늘날 세상과 우리나라가 가진 과제에 응답하는 것을 허용되지 않는 이전의 분열을 중심으로 조직되어 있다. 좌파와 우파는 먼저 프랑스 공화국과 교회의 지위에 대한 서로 다른 신조를 바탕으로 구분되었다. 그 후 이 대립은 좌파가 노동자들을, 우파가 소유자들을 지지한 산업 자본주의에서의 이윤 수호를 중심으로 구조화되었다. 그러나 오늘날 우리 시대를 가로지르는 큰 현안들은 환경 및 정보 문제로 깊이 혼란스러운 직업과의 관계, 새로운 불평등, 세계 및 유럽의 관계, 개인적 자유 및 위험에 노출된 세상에서 개방된 사회의 보호이다. 이 각각의 주제에 대하여 좌파와 우파는 크게, 그리고 깊이 분열되어 있으며 따라서 행동하기를 제지받는다. 이들은 우리를 둘러싸고 있는 현실과 접하는 그들의 사고 시스템을 시대에 맞게 현대화하지 않았다. 큰 정당들은 이 분열을 잊고 선거에 출마하기 위해 계속해서 불완전한 타협점을 찾는다.

지위를 수호하며 국경을 잠그고 유로를 탈퇴하는 것을 권장하는 보수 좌파와 사회-민주, 개혁, 유럽주의 좌파 간에 공통분모가 있을까? 거의 없다고 볼 수 있다. 이것이 바로 지난 4년 동안 정부의 실행을 이토록 어렵게 만든 문제이다. 일부를 위한 힘 없는 개혁 혹은 다른 일부를 위한 단념으로 이끈 문제이다. 사실상 존재한 적 없는 폐쇄적 정체성을 권장하고 백해무익한 유럽을 원망하며 사회 계획에 난폭함을 권장하고 경제 계획에서는 모호한 입장을 취하는 우파와 유럽주의, 자유주의적, 사회적 우파 간에 공통분모는 있을까? 이 역시 거의 없다. 이것이 바로 2012년의 실패까지 이끌게 되었다. 이 모두는 오늘날 우파의 토론에서 여전히 주제가 되는 대립이다.

그러나 각 정당은 5년마다 당의 신조, 국민전선Front national의 위협에 맞서 살아남을 수 있는 진영 재편성의 중요성을 다시금 말하고자 한다. 우리의 프랑스 공화국은 오늘날 동맹 놀이의 계교에 잡혀 있는 듯하다. 예비 선거는 이러한 목적으로 실시되었다. 즉 정당은 더 이상 어떤 한 사람을 위해 이데올로기, 공감, 존경의 마음을 공유하지 않고서 지도자를 지명하고 있다. 그러나 또한 오늘날 1차 선거를 우회하여, 2차 선거는 국민전선 후보의 자질 문제는 피할 수 없게 되었다. 우리 정당들은 현실에 직면하지 않고 사망하였으나, 주요 선거를 통해 계속 남기를 원하고 있다. 바로 이 민주적인 피로, 이 새로운 시스템이 만들어 내는 실망은 매우 악화되고 극단적인 진보가 불가피하다.

2002년 4월 21일의 충격적인 사건 이후 아무것도 변하지 않았다. 정치 및 미디어 계층은 상승하는 세력의 도래를 외면하는 몽유병에 걸린 국민을 만들고 있다. 국민은 아무런 결과를 얻지 못한 채 가끔씩 분개한다. 그러므로 우리는 항상 같은 얼굴들을 보게 된다. 우리는 항상 같은 연설을 듣는다. 우리는 적용되기 전에 수정될 같은 주제들, 같은 제안을 내보내며 또다시 공식 발표들로 토의를 이어간다. 나는 모든 것을 담고 있는 의식, 정직, 재능, 인내를 대신하는 이 보고를 하나의 질병으로 생각한다.

정갈하게 정리된 몽유병 환자들과 나란히, 파렴치한 자들도 있다. 이들 역시 다수이다. 변화가 필요하다는 것을 알고 있으나, 이에 대한 관심은 없고 국민전선이 권력에 쉽게 오를 수 있도록 해주리라는 믿음을 가진 모든 자들 말이다.

우리가 다음 5개월 후부터, 5년 후 또는 10년 후까지 이를 바로 잡지 않으면, 국민전선은 정권을 잡게 될 것이다. 아무도 더 이상 이에 대해 의심하지 않는다. 테러가 발생하거나 선거에 패배할 때마다 우리는 국민연합을 부르고 국가의 희생을 요구할 수 없다. 또한, 정치 계급이 늘 그래왔던 것처럼 이 사소한 일들을 처리해 나갈 수 있을 것이라 생각할 수 없다. 이것은 도덕적 그리고 역사적 과오가 될 것이다. 우리 국민은 알고 있다. 이는 국민전선의 유권자들을 공격하기 위함이 아니다. 나는 다만 항상 이를 잘못이라 여겨 왔기 때문이다. 나는 신념으로서가 아닌 그들을 잊은 기존 질서에 항의하기 위해 혹은 홧김에 이 표를 선택한 수많은 프랑스인을 안다. 이들에게 그들의 삶에 대해 다시 이야기해야 한다. 의미와 비전을 줘야 한다. 그들의 분노를 이용하는 이 정당과 싸워야 한다.

이 동기로 말미암아 우리가 '앙 마르슈전진!'라 부르는 새로운 정치적 힘을 조직하고 싶었던 것이다. 오늘날 진정한 분열은 프랑스인들에게 이전 질서로 돌아가기를 제안하는 회고주의 보수주의자와 프랑스의 운명이 현대성을 수용하는 것이라 믿는 개혁주의자 사이에 존재한다. 세상을 깨끗이 만들거나 노예처럼 적응하는 것이 아니라, 정면으로 세상을 마주 보고 정복하는 것이다.

03

우리들에 대하여

우리들에 대하여

우리는 지금 프랑스를 21세기로 진입시켜야 한다. 이것이 우리의 도전 과제이다.

2015년은 큰 고통과 함께 우리를 새로운 세기로 이끌었지만, 우리는 아직도 새로운 세기를 보지 못하고 있다.

이 새로운 세기에 들어가려면, 우리의 현재와 우리가 추구하는 미래를 어떻게 조화시킬 것인지 알아야 한다.

그렇다면 프랑스는 무엇이며, 우리는 어디에서 왔는가? 나는 어린 시절부터 우리나라와 가장 긴밀한 관계를 유지하고 있다고 말할 수 있다. 이 관계는 프랑스어로 인해 구축된 것이다. 우리를 하나로 묶는 핵심은 바로 여기에 있다. 때로는 낡거나 재발견된 이 단어들 말이다. 우리의 모든 역사를 운반하고 빌레르 코트레Villers Cotterêts에서 프랑수아 1세 때부터 우리를 하나로 모이게 한 이 언어는, 언어를 기초로 한 왕국을 구축할 엄청난 직관을 주었다. 언어는 고전 시대에 라블레Rabelais 풍의 원색적인 특징을 잃고, 섬세함을 가진 많은 지방어와 함께 오랜 시간 함께 존재했다. 브르타뉴부터 바스크 지방, 알자스에서 프로방스 그리고 코르시카까지 많은 지방어는 이 지방어의 다채로움과 풍부함을 여전히 품고 있다. 언어는 우리의 역사를 유지하고 있다.

이것이 바로 우리를 열린 국가로 만드는 것이다. 왜냐하면, 언어가 학습되면, 언어와 함께 이미지와 기억을 불러일으키기 때문이다. 프랑스어를 배우는 사람은 나중에 이를 말하고, 우리 역사의 보관인이 되며, 또한 프랑스인이 된다. 프랑스인이라는 것, 이것은 단지 문서의 문제가 아니다. 나는 프랑스에 살지 않았으나 프랑스에 대한 사랑으로 프랑스인이 된 외국인들을 알고 있다. 우리의 사명을 다하지 않음으로 이 사랑을 실망시키는 것만큼 심각한 일은 없다. 내가 좋아하지 않는 표현인 '프랑스 토박이Français de souche'에 어떤 의미를 찾아야 한다면, 이 표현은 10세대 동안 마옌에 살고 있는 사람뿐 아니라, 어디에서 왔든지, 어디에 있든지 프랑스어를 영광스럽게 하는 사람을 가리키는 표현일 것이다. 기아나에서, 카리브에서 그리고 태평양에서 사용하는 프랑스어보다 더 나에게 감동을 주는 것은 없다. 여기에 바로 우리 아버지들의 진정한 프랑스어가 있는 것이다. 각처에서 온, 모든 지면에 자리 잡은 이 아버지들, 그리고 우리에게 위대한 국가를 이어가도록 하는 사람들의 언어인 것이다.

프랑스에 대한 나의 첫 번째 추억은, 피레네에 있는 휴가 장소로 가는 자동차 횡단이었다. 내 기억 속에 12번의 여행 중 아미앵과 바네흐 Bagnères 사이에 펼쳐지는 멋진 풍경이었다. 나는 그러므로 그 지방의 아이였다. 이는 내가 항상 우리가 오늘날 사용하는 '영토'라는 단어보다 항상 선호했던 단어였다. 솜 Somme 에서 태어난 나는 경험해 보지 않은 마법 같은 곳, 파리에 도착했다. 우리는 아르센 루팡 Arsène Lupin, 몬테 크리스토 Monte Cristo, 그리고 레 미제라블 Les Misérables 의 세계를 가로질렀고, 꿈꾸기 좋아하는 모든 사람처럼 나의 영웅들을 길모퉁이에 나타나게 하곤 했다. 그리고 환상적인 푸아루 Poitou 습지의 매력이 찾아오고 모리아크 Mauriac 의 보르도 Bordelais 의 생생한 불빛, 낭드 Landes 와 모든 것을 뒤덮는 송진 향이 가득했다. 마침내 여행의 끝에 이전의 피난처, 행복하기 위한 장소인 피레네산맥이 지평선에 나타나곤 했다.

우리 국가의 삶은 각 개인의 작은 모험담들로 이루어졌다. 그리고 이러한 많은 프랑스 모험담은 하나이면서 동시에 여럿인, 신비롭고 투명한, 믿을 수 있으며 복종치 않는 프랑스의 보이지 않는 지도를 만든다. 자신의 고향에 대한 애정처럼 내가 더 잘 이해할 수 있는 감정은 없다. 우리 모두는 각자 개인을 지탱하는 프랑스의 장소, 고정된 자신의 지점이 있다. 파리를 그렇게나 사랑했던 앙드레 브르통 André Breton 은 우연히 로트 Lot 의 경계에 이르러 생 시르크 라포피 Saint Cirq Lapopie 를 발견하고 이렇게 적었다. "나는 다른 곳에 있는 내 자신을 원하지 않았다." 나는 결코 일시적인 프랑스의 영혼을 바라보지 않을 것이다. 시간은 지리를 만든다. 이것은 의식 있는 추억으로의 상속이며, 과거의 희망에 충실할 미래의 맛이다. 우리의 나라는 말과 토지, 바위와 바다로 이루어졌다. 이것이 바로 프랑스이다. 그러나 이것이 전부는 아니다.

우리의 역사는 우리를 국가의 자녀로 만들었다. 이는 미국처럼 법으로, 또는 영국처럼 해양 무역으로 된 것이 아니었다. 이는 아름다운 유산이며 동시에 위험한 유산이기도 하다.

국가는 국경의 정복, 법률, 영토의 모든 곳에서 권리의 평등을 통해 형성되었다. 국가는 우리가 경험했던 정치적 체제의 계승에서 증명되듯, 찾기 힘든 균형점을 가진 구조에 공화주의 계획을 구현했다.

1789년 이후 우리 역사는 프랑스 국민이 지향하는 국가를 향하고 있다. 우리에게 친숙한 장관, 도지사, 국장, 시장은 동일한 목적으로 다양하고 복합적인 국가를 위해 봉사해야 한다. 다른 많은 사람들처럼 쉽게 정의될 수는 없지만 그들은 거대한 운명의 부름을 받았다고 생각한다. 또한, 시간이 지남에 따라 국가는 각 개인의 자리를 국가의 역사에서 인정했다.

그렇게 해서 프랑스에서는 국가가 개인 및 단체와 연결되어 있다. 국가는 매우 구체적인 방법으로 프랑스 공화국의 해방 운동을 이끌었다. 제3공화국의 개인적 자유 강화 및 교육의 발전으로 말이다. 인민전선의 사회 쟁취로, 1945년과 1958년의 국가 재건으로. 이러한 변화들을 넘어 행동할 수 있었던 것은 지지를 선동하는 크게 열린 전망이 있었기 때문이었다. 또한, 당시 실행된 진보는 구체적이며 개개인에게 현실적인 진척이었다. 오랫동안 프랑스인들은 그들의 마을에 은둔하는 듯했다. 이는 계획을 구체화하게 한 그들의 기동이었으며, 교통 인프라의 발달, 도로, 기차 등과 같이 공교육으로 가능했던 운동이었다. 국가의 역할은 오늘날까지도 여전히 개인의 삶에 수단을 제공하여 이 장벽의 제거, 접근, 유동성을 잘 보장하는 것이다. 기술은 발달했으나 그 목적은 이전과 여전히 같다. 유무선 전화기 보급률, 운전면허, 대중교통, 카풀 및 장거리 버스, 인터넷 접근성은 어제의 도로망 준공과 같은 절대적 요청에 속한다. 바로 여기에 치밀한 조치를 취해야 하는 위험이 있다. 목표에 도달하기 위해 국가는 전반적인 동의 가운데, 합법적으로 우리에게 소중한 두 가지 가치인 평등과 안전을 보장하기 위하여 프랑스에서 중장비를 발전시켰다. 그러나 계획이 무너지고 전망이 더는 밝지 않자, 이 기계는 추진력 부족으로 공전하는 신세가 되고 국가 전체에 곤란함과 무거운 짐을 안기게 되었다. 사라져야 할 수백여 개의 구조가 여전히 남아 있다. 직원들은 불필요한 일 처리를 떠맡고 있다. 방향을 제시하는 것보다 어떤 법률이나 명령을 작성하는 것이 더 편리하기 때문에 규정이 모든 것을 뒤덮는다. 공무원들은 여기에서 존재의 이유를 찾고, 정치인들은 그들의 특권을 정당화할 기회를 얻는다. 차지한 지위는 그 자체로 그것을 창조한 동기보다 중요하게 된다. 국가는 행정을 위해 존립하는데, 행정은 그렇지 않다. 조금씩 현실은 멀어져 가고 있다. 권력의 세상은 허구의 건축물을 짓는다.

그러나 이 중 그 어떤 것도 피할 수 없으며, 이것이 바로 본질적으로 교리적인 동기로 국가를 악 자체로 상상하는 잘못이다. 실질적인 방식으로 국가가 제공하는 또한 제공할 수 있는 서비스를 위하여 일정 기간 우리 역사와의 관계로 국가를 검토해야 함에도 불구하고 말이다. 어떤 이들에게는, 국가가 가지고 있지 않은 재산을 소비하는 것을 포함하여 모든 것을 할 수 있어야 한다. 또 다른 이들에게는, 국가로부터 모든 악이 비롯되고 국가를 폐지하는 것이 해답일 것이다. 이는 사실이 아니다.

왜냐하면, 국가를 중심으로 우리를 묶는, 우리 공동의 계획인 프랑스 공화국이 만들어지기 때문이다.

나는 공화국이라는 이 아름다운 단어가 변질되어, 싫증 나는 것으로 끝이 날까 두렵다. 우리는 이 단어가 엄밀히 구현하는 것을 가리키기보다 우리가 좋아하지 않는 것, 불관용, 맹신, 자유에 대한 경멸을 거부하기 위해 사용한다. 지성인들은 자찬하거나 항의할 목적으로 이를 민주주의와 구분할 방법을 찾는다. 가식적으로 순수한, 거만한 자들은 어떤 군주제가 공화정을 내세울 만큼 우리를 위협하는지 자문한다. '프랑스 공화국'에서 항상 칭찬할 만하지는 않았던 부분은 어떻게 해야 할까? 공화국은 단지 권리 선언만이 아니다. 이는 방데Vendée의 학살, 식민지화, 식민지 전쟁의 과도, 제법 최근까지 이어진 서적과 특별 법정 검열이기도 하다. 모든 좋은 것이 공화국은 아니란 것이다. 또한, 공화국의 모든 것이 좋은 것만도 아니다. 그렇지 않다면 드레퓌스 Dreyfus 대위에게 재심 때까지 유죄를 선고하고, 도형을 유지했으며, 드골 장군이 끝맺음을 낼 때까지 여성에게 투표하는 것을 금지하고, 발레리 지스카르 데스탱 Valéry Giscard d'Estaing 이 여성들의 비탄을 듣기까지 낙태를 금지했으며, 프랑수아 미테랑 François Mitterrand 이 폐지할 때까지 사형을 유지했던 공화당 법정에 박수를 보냈어야 할 것이다.

우리가 사랑하는, 우리가 도와야 할 프랑스 공화국은 우리 공동의 해방이다. 미신과 종교 혹은 정치에서의 해방, 사회적 편견에서의 해방, 우리가 자각하지 못하는 사이 우리를 노예로 만드는데 경쟁하는 모든 힘에서의 해방이다. 프랑스 공화국은 우리의 노력, 절대 완성되지 않은 노력이다. 이는 언제나 성취해야 할 과제로 남아 있다.

'출발의 노래 Le Chant de départ '만큼이나 흔한 노래라 그 가사를 더 이상 신경 쓰지도 않는 한 노래는 이렇게 말한다. "프랑스인이라면 공화국을 위해 살아야 한다 Un Français doit vivre pour elle ." 그리고 이는 현실보다 적은 의무를 말한다. 프랑스인들은 오래전부터 해방과 자유를 위해 살았다. "공화국 인민들은 진정한 어른이며 노예들은 어린애이다 Les républicains sont des hommes, les esclaves sont des enfants ." 프랑스인들은 우리가 전체주의 정치하에서는 존재할 수 없다는 것을 알고 있다. 힘의 전체주의 정치 그러나 또한 때 지난 구조의 폭정, 편견, 세력권과 압력 단체. 프랑스 공화국, 이것은 우리 가치에 반대되는 것에 동의하지 않는 것을 의미한다. 이것은 우리 공동 명예의 구현이다. 해방의 동조자였던 디에고 브로세Diego Brosset 장군은 죽기 전 전쟁 공문에 이런 글을 남긴다. "우리는 받아들일 이유를 찾기 위해 지성을 사용할 수 없다On ne peut employer son intelligence à trouver des raisons d'accepter."

본래 공화주의인 프랑스는 우리의 것이며, 적들 또한 존재한다. 공화주의자들은 절대 이 적들을 열거하는데 주저할 수 없다. 이렇게 다양한 적들은 공통적으로 모두들 공상가, 때로는 잔인한 몽상가일 수도 있다. 그들은 프랑스에 대한 진실을 점하고 있다 믿는다. 이는 단순한 위험만이 아닌 오해이다. 프랑스가 가진 단 하나의 진실은 우리를 자유롭게 하고 우리인 것보다 최선을 만들기 위한 공동의 노력이다. 이 노력은 우리를 미래로 이끌어야 한다. 프랑스 공화국의 적들은, 프랑스인 것과 프랑스가 되었어야 할 모습에 대한 자의적이고 정체된 정의 안에 프랑스를 가두기를 바란다. 프랑스를 통제하기 원하고, 불행과 노예 제도만을 가져오는 이슬람 교도들이 있다. 우리나라가 한 번도 가진 적 없던 모습을 이용한 터무니없는 향수로 고무되며 우리나라의 진짜 모습을 배신하게 만드는 국민전선도 있다. 그들의 견해를 취하며 극우파에 가담하는 자들 또한 있다. 프랑스를 떠나거나 경멸하는 냉소주의자들도 있다. 이러한 사람이 많지만, 동시에 제지할 수 없다.

프랑스가 여러 세기 동안 그 안에 품어온, 그의 자리와 지위를 만든 계획이 바로 이것이다. 프랑스가 항상 세상에 빛날 수 있도록 한 것. 미국 시민혁명과 세계인권선언, 그리고 반전체주의를 지나며 르네상스부터 계몽주의까지 프랑스는 무지, 굴복시키는 종교 및 개인을 부정하는 폭력의 속박에서 해방하기 위해 세계를 비추는 데 이바지했다. 프랑스 정신에는 부당과 복종에 반대하는 변함없는 분개가 있다. 프랑스가 전 세계를 이롭게 하겠다는 의지, 우주적인 포부가 있다. 드니로 Diderot 로부터 지도된 백과사전 정신은 이 광적인 야망의 정수이나 이 야망은 우리이기도 하다. 또한, 우리 안으로 움츠러드는 것만큼 우리답지 못한 것은 없다.

04

위대한 변화

위대한 변화

불행하게도 프랑스는 자신이 어디로 가고 있는지 알지 못하는 상황에 놓여 있다. 스스로의 운명을 결정짓지 못하고 정체성을 잃어 가고 있다. 정치인들의 연설문을 이해하기 시작했을 무렵부터 나는 "우리나라는 위기에 처해 있다."라는 말을 들어 왔다. 바로 이것이 프랑스의 불행을 설명하는 증상이다.

이는 현재 우리 문명이 사람들에게 우려를 끼치고, 자신들을 향한 위협과 공격처럼 보이기 때문이다. 문명이란 역사적 진화와 물질적·사회적·문화적·정치적 진보의 과정이지만, 어떤 이들에게는 후퇴, 제어력 상실, 우려, 불안정의 동의어로 받아들여지기도 한다. 하지만 현재 우리가 사는 이 세상을 다른 세상으로 교체하는 것이 가능할까? 나는 불가능하다고 생각한다. 하지만 세상의 역학을 제대로 이해하기로 결심한다면 우리는 세상을 근본적으로 바꿀 수 있다.

오늘날 우리 문명은 사회의 경계가 국가가 아닌 전 세계에서 끝나는 문명이다. 이 문명은 물적·인적·금전적 거래가 세계 도처에서 무한하게 이루어지는 흐름 속에서 형성된다. 따라서 기존에는 한 국가 내에서 우리의 삶과 모든 물적·인적 교류의 큰 부분을 조절해 왔던 국가의 힘을 뒤집어엎게 된다. 즉 우리가 사는 세상은 오랜 세월에 거쳐 시장경제와 금융에 근거한 논리가 우선시되는 사회였다. 그리고 국가는 이러한 경제적 현실을 완벽히 제어하지 못하면서 때로는 저항하고, 때로는 동반하는 관료가 되었다.

나는 이 모든 현상의 부정적 결과를 겪은 곳에서 자랐다. 내가 어릴 적 섬유 산업이 성행한 도시였던 아미앵과 바네흐에서는 수천 명의 노동자들이 직업을 잃었다. 북아프리카, 동유럽, 중국, 베트남에서 값싼 가격에 옷이 수입되어 프랑스의 모직물 및 섬유 공장들이 경쟁력을 상실했기 때문이었다. 오늘날 목축업의 쇠퇴로 어려움을 겪고 있는 로제르의 경우도 마찬가지다. 오늘날 국제기구는 로제르의 목축업자들에게 30년 전 가격보다도 더 값싼 가격에 가축을 매매할 것을 강요한다. 업자들이 가축을 기르는 데 투입해야 할 비용은 점점 올라가는데도 말이다.

이러한 유통의 세계화는 계속 심화되어 국가·기업·연구기관이 서로 상호 의존하게 만든다. 그렇다고 해서 이러한 세계화의 흐름이 늘 부정적인 효과만 일으키는 것은 아니다. 약 200만 명의 프랑스인이 국내 외국계 기업에서 일하며, 수백만 명의 프랑스 국민이 수출로 소득을 창출한다. 바녜흐에서 멀지 않은 곳에서는 세계화 덕분에 항공 산업이 성공적으로 발전하는 중이다. 에어버스를 비롯한 많은 항공 기업이 새로운 시장에 투자해 성공을 거둔 덕분이다. 따라서 이 세계화의 굴레에서 벗어나면 더욱 나은 삶을 살게 될 것이라 말하는 것은 사실이 아닐 것이다. 세계화에서 벗어난다면 더 많은 희생양이 나올 것이기 때문에 이는 온당치 못한 거짓이다.

이렇듯 심층적인 변화는 오랜 세월 동안 순탄히 이뤄져 오던 집단 진보의 시대를 끝나게 만들었다. 이로써 급작스러운 기술적 단절로 인해 급변하는 경제의 시대가 도래하게 되었다. 이전 세대는 전쟁과 빈곤을 거치며 우리보다 더 어려운 시대를 살았다. 하지만 그들에게는 사회가 발전할 것이라는 전망이 있었다. 이들에게는 '우리가 열심히 일한다면 우리의 미래는 나아질 것이며, 우리 아이들의 삶은 확실히 나아질 것이다'라는 확신이 있었다. 이들은 프랑스의 경제 회복과 재건의 시대가 올 것이라는 예상을 할 수 있었다. 오늘날과 마찬가지로 당시에도 산업 형태의 변화로 인해 어려운 시기에 놓인 지역들이 있었다. 하지만 새로운 경제적 여건에 적응할 수 있다는 가능성과 사회가 앞으로 나아갈 것이라는 희망이 그들에게는 있었다. 반면, 오늘날 사람들의 머릿속에는 경제가 영원히 위기 상태에 있을 것이라는 생각이 깊게 자리 잡고 있다. 이와 같은 생각은 피할 수 없다시피한 사회 계급의 격하에 대한 두려움을 동반한다. 모두에게 밝은 미래를 보장해줄 수 있는 경제 성장이 이루어지리라 믿는 사람은 단 한 명도 없다시피 하다. 비록 그렇게 믿는 사람들이 있을지라도, 그러한 밝은 미래를 구현하는 방법을 그들 스스로도 알지 못한다. 어떤 이들은 신비한 방법으로 국경을 봉쇄해 버리면 된다는 망상에 빠져 있기도 하다.

게다가 세계화의 흐름은 특히 세계 금융의 급성장으로 인해 최근 들어 더욱 강력해지고 급격해졌다. 세계 금융 시스템은 교류의 증대와 보폭을 같이 하며 적절히 발전해 왔다. 이러한 발전은 우리 경제에 최고의 조건에서 자금을 더욱 원활히 투입하도록 작용했다는 장점이 있었다. 그러나 사람들의 물욕을 이용해 실제적 가치가 없는 투기성 활동을 조장하기도 하였다. 이렇듯 다양한 이유로 인해 모든 시민 전체가 한마음으로 금융을 배척하게 되었다. 하지만 금융을 멀리하는 자세를 지녀야 할 필요는 있다. 매해 연말 공무원 임금은 금융 시장에서 자금을 빌려 지급된다. 프랑스 기업이 신규 고객을 확보하고 직원을 고용하는 것도 폭넓은 관점에서 보면 금융 덕분이다. 따라서 목적 없는 금융 활동에는 반대하고 투자를 창출하는 금융 활동은 장려하는 올바른 분별력을 유지해야 한다.

하지만 2008년 금융위기 이후 우리는 집단적으로 이와 반대되는 모습을 취하고 있다. 무절제한 금융 활동에는 제재를 가하지 않은 반면, 우리 경제 활동의 주요 자금 조달원인 은행과 보험사에 대해서는 제약의 벽을 높였다. 금융과의 싸움은 유럽 차원, 세계 차원에서 행해져야 하는 싸움이다. 이 싸움은 단지 금융이라는 전문 분야에 관한 싸움이 아니라, 정치적·도덕적 싸움이 기도 하다. 시민 대다수는 현재 상황이 너무나 불공정하다고 생각한다. 프랑스 내에서만 통하는 방안을 내놓거나 소수의 몇 명만을 처벌하는 방안을 제안하는 등 너무 쉬운 방법으로 이러한 문제를 해결하려 한다면 상황은 전혀 나아지지 않는다. 이러한 시도는 우리의 슬픈 마음을 위로하기 위한 의미 없는 자기 위로에 불과하다. 우리에게 필요한 것은 세계적 차원의 조치와 집단 도덕이다.

최근 15년간 인터넷과 디지털 기술의 발전으로 인해 세계화의 흐름은 새로운 전환점을 맞았다. 여기서부터 새로운 국경이 우리 앞에 펼쳐지는 것이다. 새로운 관습과 새로운 기준이 등장해 우리의 조직뿐 아니라 우리의 상상력까지도 뒤흔들어 놓는다. 우리의 습관이 변한다. 인터넷을 통해 음식을 주문하고, 장을 보고, 각종 대금을 지급하고, 자동차나 기차를 예약하는 프랑스인이 점점 더 많아지고 있다. 우리의 생산 방식 또한 변한다. 각종 소프트웨어와 인터넷으로 인해 우리는 새로운 기계화 방식을 사용하게 된다. 이러한 미래 산업은 우리의 기업에 변화를 가져다 줘 육체노동을 완화해 주고, 다수의 직원에게 속성 연수를 제공하도록 한다. 3D 프린터는 소형 부품 제작을 원활하게 해 주고, 세계 반대편에 생산 공장을 지어 실제 구매국에 제품을 납품하는 공급망의 구조에 대해 다시 한번 생각해 보게 한다.

우리의 직업도 변한다. 관련 연구에 따르면 십여 개의 새로운 직업들이 수년 내로 모습을 드러낼 것이다. 10년 전에는 존재하지 않았으나 오늘날 우리 삶 속에 존재하는 새로운 직업들이 있다. 커뮤니티 관리자, 빅데이터 처리 전문가 등이 그 예이다. 하지만 우리가 행하는 경제 활동의 판 전체가 완전한 변화를 겪어야 될 것이다. 여러 연구 결과들이 현재 직업의 10~40%가 20년 내에 자동화 기술로 대체될 것이라 예견하고 있다. 은행과 보험사 업무도 1/3에서 절반 정도가 5~10년 내 설 자리를 잃게 된다. 로봇과 알고리즘은 저렴한 비용과 24시간 업무가 가능한 시간적 자유로움을 이용하여 수많은 노동자가 하고 있는 반복 노동을 대체하게 될 것이다. 디지털 기술은 이렇게 우리 사회 조직에 급격한 변화를 가져올 것이다. 중산층의 직업, 특히 임금 노동자들의 직업은 이따금 위협받게 될 것이다. 반면, 저숙련직과 고숙련직 직종에는 새로운 기회가 주어질 것이다. 그러나 오늘날 우리의 민주주의는 자기 자신과 자녀들에 대한 걱정 속에서 살아가는 이 중산층을 중심으로 세워졌다.

수십 년 전부터 진화해 오고 있는 직업의 세계는 이제 혁신의 과정을 겪고 있다. 이제 회사는 정규직으로 다니는 평생직장이 아니다. 근무 시간과 근무 장소는 회사, 거래처, 협업 공간, 재택근무 등으로 제각기 분리된다. 회사, 산업 분야, 기업의 지위 등에서 점점 더 많은 변화가 일어날 것이다. 이는 피할 수 없는 진화의 과정이다.

이는 신기술 연구 방식에도 혁명을 가져온다. 서로 다른 분야 간의 경계가 점점 희미해지고 있다. 유전체학, 나노과학, 사물인터넷, 빅데이터 처리 간의 컨버전스는 과거에는 상상도 할 수 없었던 새로운 발견을 가능하게 해 준다. 천문학적인 양의 데이터가 생성된다. 우리가 최근 몇 년간 생성한 데이터의 수는 인류 최초의 시대부터 만들어진 데이터의 양보다 많다. 이러한 혁신 덕분에 각종 질병 치료 방법 또한 완성되고 있다. 우리의 지식은 전대미문의 방식으로 발전하고 있다. 그러나 동시에 새롭게 생각해 보아야 할 것들도 나타나고 있다. 과학 기술의 힘을 빌어 인간의 능력을 끌어올리는 '트랜스 휴머니즘', '증강형 인간'과 같은 염려스러운 프로젝트를 중심으로 새로운 커뮤니티가 생겨나고 있다.

이러한 기술적 변화는 여러 생산 기관뿐 아니라 우리 사회에도 계속해서 중대한 영향을 미칠 것이다. 인공지능 개발은 이제 겨우 첫 단계에 있다. 지금은 인공지능이 생산성을 향상시키고 단순 반복 노동을 대체하지만, 고용을 대체하기도 하는 상황이다. 하지만 인공지능은 이른 시일 내 인간의 경쟁자가 되어 사회에 복합적으로 영향을 미칠 것이다. 따라서 우리는 아직까지 완전히 파악할 수 없는, 앞으로 다가올 혼란에 맞서 미리 대비할 필요가 있다. 이러한 변화가 내포하는 윤리적·문명적 영향을 감안했을 때, 공권력은 결정적인 역할을 맡게 될 것이다.

우리의 상상력에도 큰 변화가 일어나게 된다. 오늘날 우리는 인터넷을 통해 모든 것을 보고, 모든 것에 대한 의견을 말하며, 스스로를 지구 전체에 견주어 본다. 이 덕분에 우리는 무엇이든 할 수 있다는 해방적 감정을 갖게 된다. 이러한 감정은 같은 열정을 공유하는 개인 간을 이어준다. 하지만 동시에 인터넷은 사회적 불평등과 생활 수준의 차이를 무자비하게 드러내 사람들이 신경증에 시달리도록 만들기도 한다. 최빈곤층은 최상류층의 삶을 보며 좌절감에 빠질 수 있고, 더 나아가 폭동을 일으키게 될 수도 있다. 인터넷상에서 걷잡을 수 없이 일어나는 음란물 유통은 그것이 일으킬 영향이 아직까지 완벽히 파악되지도 않은 상태이다. 여러 테러 단체 또한 인터넷상에서 설립 및 발전된다. 이들은 이미지를 이용해 사람들의 상상력을 강타한다. 이렇듯 디지털은 최고의 효과와 최악의 영향을 모두 지닌 양날의 검이다.

디지털은 경제 분야가 아니다. 디지털은 우리 경제·사회·정치 시스템의 근본적 변화이다. 디지털은 개인에게 가능성의 문을 열어 주며 장벽을 없애기도 하고, 파벌과 폐쇄적 서클을 재탄생시키며 장벽을 치기도 한다. 디지털은 누구나 자신에 맞는 역할을 맡고 권력을 취할 수 있는, 완전히 분산적인 조직이다. 누구나 자신의 위치를 지닐 수 있기 때문에 대중이 새로이 형성된다. 오늘날 문명에 가해지는 위협은 바로 세계화와 개별화가 동시에 이루어지고 있다는 것이다. 따라서 사회, 특히 국가의 중재를 담당하는 고전적 기관의 형태가 갖는 힘이 점점 약해진다. 오늘날 문명은 국가의 한계를 벗어나 있다.

한편 우리 사회는 인구 혼란의 시대를 살고 있기도 하다. 선진국의 고령화, 개발도상국의 인구 전환, 세계 인구수 증가는 우리 사회의 기관과 우리의 삶을 이미 뒤흔들기 시작하였고 앞으로도 계속될 격렬한 변화이다.

또한, 우리는 '위협의 문명' 시대에 들어섰다. 과거에도 전쟁은 언제나 일어났다. 과거에 전쟁은 당연히 일어나는 일이었다. 하지만 전 세계에서 새로운 위협들이 나타나고 있으며, 우리는 이 새로운 위협들을 전적으로 인식하고 있다.

환경 위협은 이제 모두가 완전히 지각하는 위협이다. 환경 위협은 충격적이고 가시적인 여러 재난을 통해 그 모습을 드러냈다. 1984년 인도 보팔 참사, 1986년 우크라이나 체르노빌 원전 사고, 2011년 일본 후쿠시마 원전 사고 등이 그러한 모습의 예이다. 하지만 기후 온난화, 자연 풍경 변화, 기근, 가뭄을 비롯한 기타 자연재해나 동식물 멸종으로 소리 없이 그 모습을 보이기도 했다. 2012년 척추동물, 어류, 조류, 포유류, 양서류, 파충류의 수는 1970년에 비해 58% 감소했다.

이러한 환경 위협은 인간 행동으로부터 발생한 직·간접적 결과이다. 환경 위협은 갈수록 심해져, 점점 더 많은 불균형과 전쟁을 초래할 것이다. 인류는 새로이 정복할 땅을 찾을 것이며, 이러한 이주는 우리 삶에 직접적 영향을 미칠 것이다.

지정학적 위협 또한 중대하다. 베를린 장벽이 무너진 이후 사람들은 인류 역사에 더는 전쟁은 없을 것이며, 서양은 이제 분쟁으로부터 자유로울 것이라 주장했다. 이는 전혀 사실이 아니다. 오늘날 우리는 테러 위협을 받고 있다. 알카에다와 보코 하람 이후, 히드라처럼 근절하기 어려운 악의 집단인 이슬람 국가IS가 이라크에서 시리아를 거쳐 리비아까지 세력을 확대하여 우리를 위협하고 있다. 현재 IS의 세력이 시리아와 이라크에서 약화되

는 모습을 보이고 있고 수개월 내로 국가의 형태에서 다시 지하
세력으로 쇠락할 것으로 예상되기는 하지만, 우리 사회 한가운
데에는 이들이 무장시킨 테러리스트들이 전체주의 이데올로기
를 명목하에 다양한 방식으로 살인 행각을 벌이고 있다. 이 테러
리스트들은 프랑스를 주요 타깃으로 삼은 자들이다. 테러 위협
은 세계는 하나이며, 우리는 이 세계를 깨뜨리는 거대한 움직임
으로부터 안전하지 않다는 사실을 우리에게 일깨워 주었다. 우
리는 우리 사회에 직접적인 영향을 미치는 이 전쟁터에서 소극
적인 자세를 유지하고 있을 수만은 없다. 나는 테러를 막기 위해
세계 도처와 모든 상황에 개입해야 한다는 의견에는 동의하지
않는다.

우리나라를 덮친 이 테러 위협은 우리나라의 일체성과 연대감
에 거대한 영향을 미친다. IS와 벌이는 군사적·정치적·이념적
전투 안에 모든 것을 뒤섞어 버리는 종교적 차원의 생각이 자리
잡고 말았다. 너무나 많은 수의 프랑스인들은 IS와의 전쟁이 이
슬람과의 전쟁이라 착각하고 있다.

우리는 테러 위협뿐 아니라 종교 전쟁의 위협, 그것이 아니라
면 적어도 공상과 흥분으로 부추겨진 대립의 위협에도 직면하고
있다. 우리에게 당면한 제일의 과제는 올바른 분별력을 갖는 일
이다.

오늘날 국가는 모든 위협을 제거하라는 독촉을 받고 있다. 하
지만 이것은 지킬 수 없는 약속이다.

좌·우 진영을 막론하고 뭇 정치인들은 허풍을 떠는 쪽을 선

택할 수밖에 없는 길에 놓인다. 그래서 그들은 시민을 더욱 잘 보호할 수 있도록 국가에게 권리를 포기할 것을 제안한다. 권리를 포기한다고 해서 국가가 시민을 더 잘 보호하지는 못할 것이다. 국가가 개개인의 통행과 행위를 통제할 수는 없기 때문이다. 오히려 공포심을 이용해 우리가 스스로를 버려지도록 만들려는 테러리스트들에게 승리를 안겨다 줄 것이다. 사회 도처에 만연하는 폭력 행위를 한 방향으로 유도하는 방식으로 헌법을 개정해야 한다고 생각하는 이들도 있다. 이는 비효율적이고 유해한 국적의 권위 하락에 관해 벌어진 논쟁이었다.

이러한 위협에 맞서 실제로 필요한 것은 비타협적 단호함과 진정한 권한이다. 단호한 태도와 권한만으로는 모든 것을 한 번에 곧장 해결될 수는 없다는 사실 또한 동시에 인정해야 한다. 평화로운 사회 건립은 시간을 필요로 한다.

우리가 살고 있는 이 거대한 변화의 시대는 문명에 가해진 시련이다. 전후 프랑스를 대표하는 인물들과 기관들이 이 변화에 요동치고 있다.

우리는 '과도함'의 모습을 통해 영원히 지속될 수 없는 스스로의 무능력함을 보여 주는 세계 자본주의의 최종 단계를 살고 있다. 과도한 금융화, 과도한 불평등, 과도한 환경 파괴, 세계 인구의 과잉 증가, 지정학적·환경적 이민 증가, 디지털 변화 등은 우리에게 거대한 혼돈에 맞서 반응할 것을 강요한다. 인류가 이러한 거대한 변화를 맞닥뜨린 것은 아마도 인쇄술 발견과 아메리카 대륙 발견 이후로 처음일 것이다. 서양에 르네상스 혁명의 바람을 일으킨 것이 바로 사회적 · 정치적 · 공상적 · 예술적 구조 개혁이 일으킨 거센 변화들이었다. 이러한 변화를 겪지 못했다면 인류는 멸망했을 수도 있을 것이다.

우리가 마주한 거대한 변화는 모든 면에서 우리에게 변화를 강요한다. 과거를 위해 세워진 모델을 대강 수리하여 쓰는 데 만족하며 세계에 닥친 변화를 받아들이는 것을 거부하는 모습은 프랑스가 아니다. 무엇이 우리를 이뤘는가를 잊고, 우리의 근원을 부인하고, 테러리즘이라는 시커먼 불 속으로 뛰어드는 나방처럼 허둥대는 모습은 프랑스가 아니다. 매일매일 스스로에 대한 의심을 갖고, 후퇴의 말만 입 밖으로 내는 모습은 프랑스가 아니다. 우리 프랑스인들은 이를 잘 알고 있으며, 우리나라를 혁신할 준비가 되어 있다.

05

우리가 원하는 프랑스

우리가 원하는 프랑스

우리에게는 매우 중대하게 수행해야 할 과제가 있다. 우리를 둘러싸고 벌어지고 있는 변화에 대한 예리한 인식 없이는, 또한 너무나 오래전부터 쌓여온 피로감으로부터 완전히 단절하지 않고서는 이 과제를 시작할 수 없을 것이다.

우리가 상대해야 할 여러 적 중에서 가장 위험한 적의 이름을 하나 들 수 있다. 그 적의 이름은 바로 '방임주의'이다. 우리의 적들보다 더 무서운 것은 우리 자신의 무기력이다. 우리는 600 만 명의 구직자, 버려진 산업, 낡은 구제도, 아무것도 해결할 수 없는 옹졸한 편 가르기, 증빙되지 않은 다양한 국고 유출 등의 문제점을 그저 바라만 보고 있다. 우리는 시대에 뒤처진 공교육, 구태의연하고 부적절하게 운영되는 국가 조직, 19세기부터 개정되지 않아 오늘날의 활용 수준을 만족시키지 못하는 낡은 법률 시스템에 익숙해져 있다. 우리는 공공 행동의 상대적 무능을 받아들이고만 있다.

이러한 상황은 시민들에게만 절망적인 것이 아니다. 이는 공공기관에 종사하고 있는, 가장 존중받아 마땅한 이들에게도 실망스럽다. 이들은 공무원직이 좋아서가 아니라 각자의 자리에서 국가 계획 실현에 공헌하기 위해 그 일에 종사하는 사람들이다. 그런데 이들의 사명과 에너지, 헌신은 매일 지능적 나태함에 부딪히고 있다. 이러한 나태함은 언젠가는 끝을 맺어야 한다.

극단주의자들에게 완전히 자리를 내 줄 수는 없다. 그들은 지킬 수 없는 약속을 하며 앞뒤가 맞지 않는 주장을 펼친다. 이들은 실제로 존재한 적 없던 옛날 옛적의 이상 사회 구조로 우리를 끌어당기려 한다. 이들은 우리가 무엇을 잃게 되는지도 잘 따져보지도 않고 프랑스를 세계로부터 빼내려 한다. 무엇보다도 이들은 그것이 프랑스의 소명이 아니라고 말하는 사실도 잊어버리고 만다.

우리는 기이한 부동의 상태에 있다. 이 부동의 상태가 우리에게 만족스럽지 않기에 그로부터 고통 또한 느끼고 있다. 무엇인가 하려고 하면 "프랑스식 모델을 헐값에 치워 버리려 한다"며 규탄하는 목소리가 높이 울려 퍼진다. 사실 이 모델은 제대로 우리나라에 적용되지도 않는 모델인데도 말이다. 우리는 '개혁'-프랑스 시민들에게 이 단어는 얼마나 닳아빠진 단어로 느껴지는

가!-의 진행 방향을 제대로 설명하지도 않으면서 개혁을 시도한다. 하지만 모든 사람은 이 상대적 반혁신주의와 확정되지 않은 점진적 개혁으로 인해 불행하다. 이는 프랑스의 모순이다.

시스템은 기존의 질서를 보호하기 위해 만들어진다. 시스템을 규탄하는 사람들조차도 자신들이 규탄했다는 사실에 만족할 뿐, 진정으로 시스템을 불안하게 만드는 것을 원하지 않는다. 따라서 기존의 것-그 누구도 만족시키지 못하는 것인데도-이 새로이 만들어질 수 있는 것보다 더 낫다고 판단되어 아무런 검증 없이 유지된다. 이는 바로 후천적 상황과 기존에 보증된 법적 · 재정적 · 지능적 문젯거리를 가지고 있는 프랑스의 모습이다. 그러나 이 부당한 시스템의 유지를 바라는 동시에 사람들은 이 시스템을 몹시 싫어하며 불평을 쏟아낸다. 불평불만을 제압하기 위해서 남는 방법은 올바르지 못하게 거둬진 세금을 쓰고 어마어마한 양의 채무를 지는 일이다.

지난 수십 년간 각종 동결, 불평등, 불공정한 사안에 답하기 위해 정치 세력이 할 줄 알았던 것은 공공 지출의 증가뿐이었다. 30년이 넘도록 좌파와 우파는 성장 하락세를 공공 부채로 메웠다. 이들은 보조금에 대한 재정 지원은 하지 않은 채 보조금을 마구 지급하였고, 현재의 심각한 보조금 불균형 문제를 전혀 해결하지 않은 채 미래 세대에게 이를 떠넘겼다. 전 대통령의 임기 동안, 즉 지난 5년간 공공 지출은 1,700억 유로로 늘어났다. 가히 현기증을 일으키는 금액이다. 이들의 행위에 수긍함으로써 우리는 매우 중대한 잘못을 저질렀다. 현실에 맞설 용기가 없어 우리 아이들에게 감당할 수 없는 부채를 떠넘겨 역사의 연속성을 끊어버린 것이다. 이런 비겁한 행위를 한 우리는 모두 죄인이다. 무력감과 거짓 속에서 국가는 지속될 수 없다.

역사가 우리에게 늘 보여 주는 교훈이 있다. 나는 1453년 콘스탄티노플이 오스만 튀르크 제국에 함락될 때 베네치아 공화국이 겪어야 했던 상황을 종종 생각하고는 한다. 제4차 십자군 원정 시기인 1204년부터 베네치아는 실크로드 육로를 보유한 해상 무역의 강국이자 승리의 해운 도시, 산업 육성의 도시로 위세를 떨치고 있었다. 베네치아 공화국은 샹파뉴 대시장과 플랑드르 지방에 판매할 물품을 운반하는 데 쓰였던 몇 개의 도로를 제외하고는 배후지를 전혀 돌보지 않았다. 그런데 콘스탄티노플이 함락되며 몇 개의 도로만 사용하는 방식이 통하지 않게 되었다. 기존의 실크로드는 불안정해지고 이용 가격은 더욱 비싸졌다. 또한, 같은 시기에 인쇄술이 발명되기도 하였다. 구세계는 위기에 처해 흔들리는 듯 보였다. 베네치아의 미래는 위태로웠고, 나라의 명운에 대한 의심이 점점 자리 잡았다. 바로 이때, 베네치아는 완전한 변화를 이루기로 결정을 내렸다. 그동안 전혀 관심을 기울이지 않았던 테라페르마 Terra Ferma 로 향해 떠나기로 한 것이다. 이를 위해 베네치아는 제노바, 바르셀로나, 세비야를 잇는 교통축을 건설하였다. 1492년, 스페인을 위해 일하던 제노바 사람 하나가 미대륙을 발견했다. 1498년, 포르투갈인 바스코 다 가마는 인도 서남부의 도시 캘리컷에 도달하여 항로를 통해 인도 제국에 다다를 수 있다는 것을 보여 주었다. 육로 실크로드의 시대는 저물고 바다의 시대가 도래했다. 베네치아는 이러한 환경에 적응하는 현명함과 의지를 지녔던 것이었다. 동양이 서양으로 대체되고, 바다가 땅으로 대체되며, 통행의 장소가 정착의 장소가 되었다. 무역로가 바뀌고 농업이 발달하였다. 관개 수로 또한 확장 건축되었고, 새로운 재능을 가진 이들이 베네치아를 새롭게 재탄생시켰다. 건축가 팔라디오, 화가 베로네세와 조르지오네는 베네치아의 새로운 황금기를 살았던 천재들이다. 베네치아의 위력은 길이 남을 것이며, 베네치아의 영혼은 절대 사라지지 않을 것이다.

이러한 변화를 거치면서 베네치아는 자신의 정신과 힘을 버리지 않았다. 외려 자신의 정신과 힘으로부터 새로운 전환을 받아들일 에너지를 얻어냈다고 말할 수 있을 것이다. 그리고 우리도 그렇게 할 수 있다.

우리는 우리 앞에 닥친 어려움을 힘을 모아 이겨낼 능력이 있다. 지난 천 년간 우리는 정교분리, 계몽 시대의 도래, 신대륙 발견, 보편성 추구, 새로운 문화 창조, 강력한 경제 건설 등의 일을 겪었다. 이를 위해서는 에너지가 필요하다. 그리고 이 에너지는 존재한다. 이 에너지는 매우 강력하며, 먼 곳으로부터 온다. 정치 권력의 과제는 바로 이 에너지가 스스로를 표현할 수 있도록 하는 것이다.

그렇기 때문에 나는 선거 캠페인에서 공약을 하나씩 분리하여 소개하는 것에 신뢰를 가지지 않는다. 우리가 사는 순간은 근본적 재정립의 순간이다.

어떤 주제에 대해 제대로 된 선택을 내리지 못하고 재고하지 못하는 우리의 무능력으로 인해 피해를 보는 이들은 바로 청소년, 저학력자, 다문화 가정 출신 프랑스인, 미래 세대이다. 노동 시장의 주변부에 속한 이들과 임시직 및 단기 계약직을 전전하는 이들, 안정적인 주거지를 갖지 못하고 임대주택 배정을 기다리거나 비위생적 주거지에 살 수밖에 없는 이들이 피해자이다. 한 달을 벌어 한 달을 먹고 사는 한 부모 가정을 비롯한 모든 차별받는 이들이 피해자이다. 우리 사회의 시스템을 재정립하지 않는다면 이 피해자들의 수는 점점 늘어날 것이며, 중산층 시민들은 자신의 자녀들이 중산층에서 낮은 사회 계층으로 떨어지는 것을 보게 될 것이다.

프랑스는 세계의 발걸음에 발맞춰 가지 못해 하루가 다르게 쇠약해지고 있다. 우리나라는 용납할 수 없는 극심한 불공정성을 겪으며 분열되고 있다.

또한, 우리의 최우선 과제는 정의롭고 강한 프랑스를 재건하는 것이다. 우리는 프랑스인들에게 모두를 공동의 길이 존재한다는 것을 보여 줄 책임이 있다.

어떻게 이것을 이룰 수 있을까?

과거를 청산한 1945년의 프랑스와 레지스탕스 위원회를 설립한 프랑스처럼, 우리는 근본적으로 논리를 변화시키고 우리의 사고방식과 행동 방식, 발전 방식을 다시 세워야 한다.

우리는 선택된 것을 따르는 프랑스에서 직접 선택하는 프랑스로 변해야 한다. 우리가 원하는 것은 우리 개개인의 운명과 집단적 운명을 우리 스스로 정하는 것이다. 몇몇 사람에게만 선택권이 있고 나머지는 선택권을 갖지 못하는 것은 대단히 부당한 일이다. 어떤 프랑스인들은 자녀들을 보낼 학교, 생활 공간, 직업, 여름 휴가지를 스스로 선택하는 데 반해 선택권을 갖지 못하고 그저 주어지는 대로 받아들여야만 하는 프랑스인들도 있다.

프랑스를 하나로 묶어 주는 것은 평등을 향한 실질적이고 진실한 열정이다. 우리 사회의 불평등 · 냉소주의 · 타락으로 인한 스캔들이 계속해서 일어나는 것을 볼 때, 시민들이 여기에 분개하는 것은 지극히 당연한 일이라 생각한다. 시민들이 서로 그저 비슷한 처지에 있는 것이 아니라, 평등한 권리를 지니고 더 나아가 평등한 기회를 가질 수 있는 국가를 갖는 것이 우리의 꿈이다. 오늘날 우리의 시스템은 우리가 평등의 길로 나아가기를 허락하지 않는다. 너무나 많은 규칙을 세워 적용하는 바람에 우리는 우리 사회를 마비시켜 밑바닥으로 끌어내 버리고 말았다. 우리 사회 전체가 움직임을 잃고 말았다.

30년 전부터 좌파와 우파 양측은 획일성 · 미분화 · 대중화를 촉진하는 시스템을 옹호했다. 나는 타인의 성공을 견딜 수 없는 모욕으로 만드는 '평등주의'를 믿지 않는다. 이와 동시에 좌 · 우파는 새로운 진보라는 이름으로 알맹이 없는 권리와 신용권을 만들어 냈다. 하지만 수백만 명이 열악한 주거 시설에서 살고 있는 나라에서 주거 대항권droit au logement opposable이 무슨 소용이 있겠는가? 진정한 평등은 법에 명시되어 있는 평등이 아니라, 실제로 개개인을 같은 출발 선상에 놓는 것이다. 진정한 평등은 모든 개인에게 학교를 졸업하고, 직업을 갖고, 건강을 유지하고 이동성과 안전을 보장하는 평등이다. 정치인은 프랑스인들에게 바로 이것을 보장해야 한다. 정치인들은 국민에게 통합적 생활 모델을 약속할 것이 아니라, 모든 국민에게 삶의 매 순간 동일한 기회를 제공해야 한다.

또한, 우리는 회복 경제에서 혁신 경제로 나아가야 한다. 오늘날 경제는 더 '영광의 30년' 때처럼 대규모 프로젝트로 돌아가지 않는다. 더는 해외에서 고안된 상품을 모방하지 말고, 우리나라 프랑스 내에서 자체적으로 혁신을 이뤄내는 방향으로 나아가야 한다. 오늘날 떠오르는 경제 모델이 지닌 위력은 기업이 수백만 명의 사용자들과 계약을 체결할 수 있다는 결속력으로부터 온다. 이는 굉장한 방식으로 분산되고 더욱 수평적인 경제 시스템으로 귀결된다. 소비자는 이 시스템 안에서 소비자이기 전에 가치 창출자가 된다. 그러나 혁신은 자체적 진보가 아니다. 혁신을 위한 혁신은 아무런 목적지 없이 걷는 것과 다름없다. 중요한 것은 우리가 혁신을 사용하는 방법이자, 우리가 혁신에 부여하는 의미이다. 만족스러운 마음만으로 혁신을 바라봐서는 안 된다. 통찰력을 유지하며 혁신 기술이 경제적·사회적·환경적 발전에 이바지할 수 있도록 활용해야 한다.

동업 조합주의적 보호보다 개인의 안전 보장이 우선시되어야 한다. 1945년 합의를 만들어 낸 레지스탕스 위원회 구성원들은 질병, 산업재해, 은퇴에 대해 고려했다. 이들은 '기업은 직업을 가진 자에 한하여 질병·노화·산업 재해에 대한 보호를 제공해야 한다'는 원칙에 따라 사회보장제도를 설립하였다. 보장 내역은 직위와 산업 분야, 때로는 직업에 따라 다르다. 그런데 레지스탕스 위원회는 급격한 변화와 탈산업화를 겪는 사회가 도래하고, 그로 인해 불안정성이 대두될 것이라 예상하지 못했다. 이들은 언젠가 실업자가 경제 활동 인구의 10%를 이루는 날이 올 것이라 상상하지 못했다. 노동 시장의 세분화, 임시직 고용 증가, 포스트 임금 노동의 시스템이 존재하는 시대가 올 것이라 생각할 수 없었던 것이다. 우리의 사회보장 시스템은 그 수가 증가하고 있는 새로운 카테고리의 시민을 보호하지 못하는 것이 현실이다.

이러한 불공정에 대응하고 더욱 리스크가 커진 세계 속 개인과 동행하기 위해서는 새로운 사회보장 시스템이 프랑스인들의 상황에 맞춰져서는 안 된다. 개개인의 권리뿐 아니라 의무 또한 고려하여 더욱 투명하고 일반적인 방식으로 사회보장 시스템이 구축되어야 한다.

마지막으로, 우리는 중앙 집권형 모델에서 각 기관이 스스로 실행할 수 있는 모델로 나아가야 한다. 모든 일을 파리를 기준으로 처리하는 것이 최적의 방법이라고 진정으로 믿는 이가 어디에 있겠는가? 서로 다른 사안을 동일한 방법으로 처리하는 것이 최상의 방법일까? 시민을 온전한 권리를 지닌 행위자가 아니라 피통치자로 간주하는 것이 최고의 방법일까? 프랑스 사회에는 활기가 넘쳐 흐른다. 그러나 이 활기의 물결은 파리, 주요 관공서, 명문 대학교, 대기업 등 전통적으로 전해 내려오는 맥으로부터만 뿜어 나오는 것이 아니다. 프랑스의 활기는 서민들의 동네, 도서 산간 지역, 청년층, 지역사회, 중소기업으로부터 더 힘차게 나온다. 우리나라의 에너지가 바로 우리나라의 기회이다! 국가는 이제 과거에 그랬던 것처럼 중요한 결정을 일방적으로 결정할 수 없게 될 것이다. 따라서 환경 변화와 같은 중요한 주제에 대해서는 모두와 함께 하는 약속이 필요하다. 기업, 임금 노동자, 소비자, 공무원 등 모두가 함께 생산적 모델로서의 변환을 이끌어 낼 것이다. 따라서 최대한 많은 이들에게 행동하고 성공할 수 있는 힘, 책임감을 지니고 약속할 수 있는 힘을 하루빨리 제공해야 한다.

따라서 우리는 급진적이라 소개되지만 실제로는 상황을 악화시키지 않으면서 임상 사망의 시간을 늦추는 것밖에 하지 못하는 방법과 우선 과제 몇 가지를 선정하여 근본적인 재정립을 이끌어 내고 균형을 되찾게 해주는 방법, 이 두 가지 접근법 중 하나를 선택해야 한다.

우리 시민들의 삶을 결정하는 주제에 대해 편리한 타협 방안을 제시하는 시대는 갔다. 우리는 이제 간단히 논리를 전환하기만 하면 된다.

서로 다른 프랑스 간의 화해를 이끌어 내는 것, 이는 정의로운 번영을 염원하는 프랑스인들에게 답하는 것이다. 프랑스인들은 새로운 것을 창조하고, 가고 싶은 곳으로 이동하고, 새로운 일을 시작할 수 있는 자유를 원한다. 또한, 이를 달성하도록 해주는 기회의 평등을 원한다. 그리고 사회 구성원들, 그중에서도 가장 약한 이들을 향한 박애를 원한다.

프랑스를 하나로 단결시켜 주는 것은 동의와 거절이다. 프랑스는 기원과 미래에는 동의하지만 숙명은 거부한다. 모두에게 자율성을 부여하고 개개인이 각자의 위치를 가질 수 있도록 하고자 하는 우리의 의지가 바로 여기서부터 나온다. 이는 서로 유사한 이들로 이뤄진 국가가 아니라 모두가 동일한 권리를 갖는 국가에 대한 꿈이다.

이를 달성하는 데는 10년이 소요될 것이다. 지금부터 바로 시작해야 한다.

06

우리의 미래를 위한 투자

우리의 미래를 위한 투자

우리가 성공을 이룩하고, 사회 취약 계층에게 공평한 사회를 만들고, 우리나라의 세계적 위상을 유지하기를 원한다면 우리가 걸어야 할 길은 단 하나뿐이다. 우리나라에 새로운 번영이 피어날 조건을 만드는 것이다. 사실, 프랑스의 탈산업화는 프랑스의 불행을 일으킨 요인 중 하나이다. 중요한 것은 전후 프랑스의 산업화를 재개하는 것이 아니다. 이렇게 하는 것은 아무런 의미가 없을 것이다. 우리가 가져야 할 원대한 목표는 우리 역사와 우리 정체성의 한가운데 위치하는 생산적인 꿈을 다시 꾸는 것이다.

이 산업화의 꿈은 콜베르의 시대에는 국가 관리주의적이었고, 나폴레옹 3세의 산업혁명기에는 전위적이었으며, 4공화국부터 5공화국 초기까지는 근대화 지향적이었다. 이 꿈은 우리나라의 사업가들과 임금 노동자들에 끊임없이 활력을 불어넣어 주었다. 이 꿈은 우리의 정체성 한가운데 있기도 하였다. 프랑스는 인간 적 진보에 관여하면서 동시에 창조하고, 발명하고, 혁신을 이루 는 국가였기 때문이다.

200년간 이어져 온 프랑스의 이러한 야망에 비추어 보면, 오 늘날의 현실은 유난히 잔인하다. 2000년부터 90만 개 이상의 일 자리가 사라졌고, 프랑스 국내 총생산에서 산업 분야의 비중은 17%에서 12%로 감소하였다. 따라서 예전에 우리가 가졌던 이 야망을 다시 되살리는 것이 현재 가장 시급하게 수행해야 하는 과제이다.

우리나라가 생산적인 꿈을 다시 꾸도록 만드는 것은 사회적인 측면에서도 절대적으로 필요하다. 우리나라의 산업이 이대로 표 류하도록 아무 손을 쓰지 않은 채 방치한다면, 프랑스가 사회 취 약 계층을 돌보는 나라라고 말할 수 없다. 진정한 번영을 이루기 위해서는 생산이 선행되어야 하고, 이후 분배가 이루어져야 한 다. 생산이 없다면 '사회적 모델'도 없기 때문이다.

이를 실행하기 위한 선제 조건은 올바른 경제 정책을 선택하 는 것이다. 그런데 30년 전부터 최근까지 우리는 경제 성장을 공 공 지출로 대체해 왔다. 우리는 사회복지 보조금 제공에 매우 관 대한 태도를 보여 왔다. 하지만 대량 실업의 뿌리를 뽑기 위해 애를 쓰지는 않았다. 우리는 주택 보조금도 지급했지만, 충분한 주택을 건설하는 데는 노력을 기울이지 않았다. 요컨대 우리는 생산적 지출보다는 임시방편적 지출을 기반으로 한 모델을 구축한 것이다. 그리고 오늘날 이 모델은 더는 지속되기 어려운 상태에 놓여 있다. 프랑스의 높은 부채율로 인해 현재 이루어지는 지출에 자금 조달을 하기 위해 적자를 계속해서 쌓을 수 없는 상황이다. 의무 과세율은 납세자들의 소득에서 세액을 미리 공제할 수 없도록 만든다. 하지만 그렇다고 해서 국가 지출을 무차별적으로 중단하고 공권력을 체계적인 방식으로 박탈해야 할까? 그 또한 터무니없는 해결책일 것이다. 우리는 그 어느 때보다도 지금 학교와 보건기관, 에너지 전환 분야 등 많은 분야에 투자할 필요가 있다. 이들은 국가가 가장 잘 이끌 수 있는 영역이자, 국가 없이는 그 누구도 이끌 수 없는 영역이기도 하기 때문이다.

그렇기 때문에 나는 늘 '경제 활성화'를 지지하는 이들과 '긴축'을 지지하는 사람들 간의 논쟁을 볼 때마다 불편함을 느꼈다. 이러한 구분은 잘못된 것으로 생각한다. 경제 활성화 지지자들은 재정적 적자를 증대하면 우리 경제를 지탱하는 데 충분하다고 생각한다. 이들은 공공 재정 상태를 고려하지 않는다. 경제 긴축을 지지하는 이들은 지출을 줄이고 적자를 줄이기만 하면 성장의 길을 다시 밟을 수 있을 것으로 생각한다. 양측의 의견 모두 올바르지 않다. 오늘날처럼 극변하는 사회적 맥락 속에서 공공 재정의 균형을 찾으려 하는 것은 적절하지 않으며, 공공 지출의 정도와 효율성, 조세 및 세금을 비롯한 각종 징수금의 정도를 고려하지 않는 것 또한 건강하지 못한 방식이기 때문이다.

나는 공공 지출의 감소를 추구하는 것에 대해 긍정적인 의견을 갖고 있다. 적자보다는 공공 재정 운영이 공공 지출 목표 수립을 통해 실행되어야 한다. 우리는 필수 사회보장제도를 약화시키거나 문제 삼지 않으면서 이 일을 해낼 수 있다. 우리는 국부의 56%를 소비한다. 이는 유로존 평균 국부 소비율에 해당한다. 사회보장에 할애하는 국부의 비중은 49%이다. 우리는 과감하면서도 우리 공공 소비의 최대 효율성을 창출하는 합리적인 템포로 공공 지출을 감소할 수 있다.

우리는 정직한 경제를 우선시하고, 모든 경제 행위자들을 끊임없이 감시하기보다는 이들에게 책임감을 부여하며 이를 행해야 한다. 국가 및 국가기관, 지방정부, 사회보장 담당 기관은 우리의 최우선 과제인 '정의'를 구현하기 위해 노력할 의무가 있다. 180억 유로의 개인 맞춤형 주거 보조금 혜택이 세입자보다 주택 보유자에게 더 많이 돌아간다면, 그리고 이 보조금이 부동산 가격 인플레이션을 유발한다면 이 보조금 제도를 개혁하는 것이 논리적이지 않겠는가? 투자에 할당되는 지출액은 감소하고 있는데 각종 지출이 늘어나고 있는 것을 보고만 있는 것이 적절한 행동일까? 국가 부채가 40억 유로에 달하는 상황에서 실업수당 상한액을 6,000유로 이상으로 유지하는 것이 적절한 결정일까?

단기적으로 중요한 것은 우리를 경제 성장의 길로 다시 이끌어 줄 전략적 결정을 내리는 것이다. '경제 활성화'라는 도그마를 신봉하는 이들에 맞서 우리는 중대한 구조적 개혁을 실행해야 하며, 공공 정책을 철저하게 검토해야 하고, 가장 비효율적인 지출을 단호하게 줄여야 한다. '긴축' 신봉자들에게는 경제위기 및 금융위기로부터 타격을 받아 아직까지 어려움을 겪고 있는 경제 분야가 있다는 사실을 주장해야 한다. GDP 0.1%를 상승시키기 위해 미래 성장을 희생시키는 것, 낮은 세율의 이점을 이용하지 않으며 우리 경제를 위한 채산성 있는 투자를 하지 않는 것은 터무니없는 행위일 것이다. 따라서 나는 주요 분야에 대한 공공 투자와 현재 지출의 지속적인 감소, 두 가지 축을 기반으로 하여 우리 경제 성장에 집중하는 정책을 단기적으로 추진하여야 한다고 생각한다.

내가 우선적으로 공공 투자를 투입해야 한다고 생각하는 세 분야가 있다.

첫 번째 분야는 경제학자들의 용어를 빌려 말하면 '인적 자본' 이다. 교육, 직업 훈련 등에 투자가 이루어져야 한다. 초·중·고등 교육기관 및 연구 기관뿐 아니라 평생교육에 대한 투자도 절대적으로 중요하다. 이것이 향후 수십 년간 프랑스에 우리의 목표를 이루기 위한 힘을 줄 수 있는 유일한 방법이기 때문이다. 인적 자본에 대한 투자가 늦었기 때문에 우리는 비싼 대가를 치르고 있다. 대량 실업과 불평등 문제가 점차 심해지고 있는 것이 바로 이 때문이다. 이는 회계적 측면에서도 해롭다. 교육기관이나 평생교육에 투자하지 않으면 이후 발생하는 손해를 만회하는 데 더 큰 비용을 소모하게 된다. '인적 자본'에 투자한다는 것은 곧 프랑스의 혁신에 출자한다는 뜻이다. 보건 분야를 예로 들면, 우리는 공공 병원, 공공 연구소, 의료기관 등에서 어마어마한 혁신을 이룰 수 있는 능력을 보유하고 있다.

현재 우리는 연구개발 세액공제credit d'impôt recherche, CIR 제도를 통해 이 분야의 혁신을 이끌어 내고 있다. 전 세계인이 이 제도를 부러워한다. 기업들이 R&D 분야에 투자할 경우 일정 금액의 세금을 공제해 주는 제도이기 때문이다. 그러나 우리의 시스템에는 혁신에 제동을 거는 요소들이 아직 남아 있다. 행정 절차가 너무나 느리게 처리되며, 규정 또한 너무 복잡하다. 세계에서 프랑스가 최초로 개발한 인공 심장을 구상하던 연구자들은 너무나 복잡한 이 시스템 때문에 프로젝트 연구를 계속하기 위해 외국으로 떠날 뻔하기도 했다. 다시 한번 강조하건대, 우리는 혁신을 촉진하고 혁신의 길에 함께 하기 위해 투자해야 할 뿐 아니라 복잡한 시스템을 획기적으로 단순화해야 한다. 혁신을 억압하고 방해하는 대신에 말이다.

공공 투자가 우선적으로 투입되어야 할 두 번째 분야는 환경 변화이다. 단기적 이익만을 위해 지금과 같은 방식으로 에너지를 소비한다면 우리는 곧 모든 것을 잃고 말 것이다. 에너지 절약에 힘쓰는 선한 기업과 시민들은 자유 시장 경제하에 자발적으로 아무런 대가를 돌려받지 않고 있다. 주거지 난방 혁신과 전기화를 이루기 위해서는 공공 투자가 필요하다. 그러나 농업 생태적 측면에서 살펴보면, 고립된 도서 산간 지역에 거주하는 농민은 단독으로 에너지 전환을 이뤄낼 수 없다. 따라서 우리 국토 전반에 원활한 교통 상태를 구축하기 위해 인프라 및 교통 수단을 건설하는 작업이 필요하다. 이 작업에도 마찬가지로 공권력을 필두로 결집과 단결이 이루어져야 한다. 민간 기관에게 여러 해에 걸친 가시적인 기회를 제공하면서 말이다. 이를 위해서 정부가 개입하여 알맞은 기관에 알맞은 메시지를 보내야 한다. 이를 통해 혁신을 촉진해 혁신에 투자하고, 환경세를 확충하고, 규모를 막론한 모든 기업이 저탄소 · 환경 친화적 경제 활동을 할 수 있도록 지원해야 한다.

세 번째 분야는 디지털이다. 디지털 케이블을 프랑스 전역에 설치해야 한다. 역사적으로 철도, 전선, 텔레비전 케이블, 전화선 작업이 그러했듯이, 디지털 케이블은 국가가 주도해서 실행해야 할 작업이다. 특히 이웃 나라들과 국경을 인접한 지역에 이 작업이 신속히 행해져야 한다. 오늘날 우리 경제 전반을 현대화하여 수년 내에 성장을 이루기 위해서는 기술적 도약이 필수적으로 이루어져야 한다. 나는 장관으로서 통신회사가 디지털 케이블을 프랑스 전역에 설치하도록 하는 현행 정책을 적극적으로 운영해 왔다. 하지만 나는 도서 산간 지역 및 오지의 경우에는 정부가 공동 출자를 넘어 더욱 명확하게 개입해야 한다는 사실을 인정한다. 또한, 위성 케이블을 이용하는 등의 혁신적 솔루션 개발 또한 장려해야 한다.

나는 5년에 걸쳐 공공 투자를 실행하고 싶다. 이는 우리 국토와 우리 경제 행위자들이 기대에 응답하고, 이들에게 가시적인 결과를 보여 줄 수 있는 유일한 방법이다. 나는 이 사항에 관한 유럽 차원의 이니셔티브가 빠른 속도로 전개되기를 바란다. 그러나 나는 불확실할 뿐만 아니라 심지어 더딘 속도로 진행될 수 있는 결정을 여기 서서 기다리고 싶지는 않다.

물론 프랑스 행정의 기능 장애를 보여 주는 상설 적자를 줄이기 위해 예산 규정을 적용할 필요는 있다. 그러나 그렇다고 해서 그 규정이 우리가 기회를 포착하는 것을 방해해서는 안 된다. 그렇기 때문에 나는 국내 및 유럽 국가들과의 논의에서 명백한 경제적 필요와 행정 기능을 위한 지출의 효율을 구분하고, 투자의 필요성과 우리 경제의 현대화 사이 또한 구분하자고 주장하는 것이다.

유럽은 이를 실행하기 위해 매우 중요한 역할을 맡고 있다. 프랑스의 미래를 건설하기 위해서는 프랑스의 근본적인 개혁을 해야 하며, 프랑스와 유럽에 투자해야 한다.

이와 동시에 기업들은 민간 투자를 약속해야 한다. 그래야 새로운 경제 활동의 혁신과 개발이 바람직한 방향으로 견고한 성장의 모델로 자라날 수 있다. 20년 전 프랑스는 로봇 산업 경쟁에서 졌다. 고용을 보호해야 한다는 생각에 로봇 산업 투자에 제동을 걸었기 때문이다. 오늘날 독일은 프랑스보다 5배 더 많은 로봇을 생산하고 있으며, 또한 우리보다 훨씬 많은 산업 분야에서 고용을 보호하는 데 성공했다. 현재 독일의 실업률은 프랑스의 거의 절반이다. 이제 프랑스는 혁신과 디지털 발전으로의 방향 전환에 성공해야 한다.

이를 위해 대기업과 중소기업, 수공예 기업과 공업 기업을 막론하고 모든 기업이 투자 규모를 재편성해야 한다. 기업들이 이 작업을 수행하기 위해서는 가시성과 안정성이 요구된다. 기업들은 미래 자신들의 위치를 내다보고, 투자 규모를 예측하고, 전략을 수립하여 새로운 시장을 개척하러 나가야 한다. 오늘날 프랑스 기업들은 끊임없이 수정되는 법률 사항을 이해하는데 너무 많은 시간을 보내고 있다. 빠른 속도로 경제가 변하고 있어 미래를 예측하기가 점점 더 힘들어지고 있는 시점에서 국가 스스로가 우려나 마비를 일으키는 요소가 되어서는 안 된다.

심지어 때로는 불안정성으로 인해 좋은 조치가 비효율적인 것이 되어 버리기도 한다. 2000년 이래로 노동법이 50번 넘게 수정되어 왔다는 사실은 어떻게 설명할 것인가? 한 대통령의 5년 임기 동안 특정 산업 관련법과 납세 관련 사항이 수차례 바뀐 것은 어떻게 설명할 것인가?

간단한 원칙들을 몇 가지 세워 보자. 개혁이 예정되면 이후 관련 조치를 수정하지 말고, 해당 조치들을 평가하기 전에 적용부터 하자. 대통령 임기 내 여러 차례 조세 관련 사항을 수정하지 않기로 약속하자. 우리 경제의 판 전체가 경제 활동과 관련된 각종 규정 변경으로 인해 뒤흔들렸다. 그 규정들은 합당한 이유를 토대로 수립된 것이었는데도 말이다. 주거, 농업, 호텔업, 요식업 등 수많은 분야에 대해 우리는 그간 너무나 많은 규정을 변경했다. 나는 기존에 적용된 규정들과 유용성이 없는 규정들을 검토하기 전에 새로운 규정을 더하지 않기를 원한다. 또한, 나는 모든 경제 행위자들과 모든 프랑스인이 오늘날 케케묵은 것이 되어 버린 규정들을 식별하기 위해 단결하기를 바란다. 그리고 현장 공무원들이 올바른 판단력과 일관성을 지니기를 바란다.

중부 도시 오리악Aurillac에서 몇 킬로미터 떨어진 곳에서 우유 농장을 운영하는 젊은 농민이 내게 들려준 이야기가 있다. 한 정부기관에서 그에게 축사 입구에 설치할 장화 세척소 건설에 2년 일찍 투자할 것을 강요했다고 한다. 그런데 세척소를 설치한 지 몇 개월 후, 같은 기관이 다시 찾아와 위생 문제로 인해 해당 장화 세척소를 철거해야 한다고 말했다고 한다. 한 규정이 아무런 설명 없이 적용되었다가 이후에 아무런 추가 설명 없이 변경된 것이다. 젊은 농민은 정부의 어처구니없는 결정에 3개월 분의 소득을 낭비해야 했다. 이러한 행태를 보이는 정부가 어떻게 신뢰를 얻을 수 있겠는가? 아무런 설명도 해주지 않는 권위주의적인 행정 처리를 한다면 어떻게 기업이 투자를 할 수 있겠는가?

혁신 산업에 투자하기 위해서 기업은 자신들의 이윤을 재편성해야 한다. 이를 위해서는 임금, 에너지 비용, 자본을 감소시켜야 한다. 이러한 관점에서 현 정부는 노동 임금 측면에서 중요한 전환점을 찍을 것으로 보인다. '경쟁력 강화를 위한 세액공제'CICE – Crédit d'Impôt Compétitivité Emploi와 '책임감과 연대를 위한 협정'pacte de responsabilité et de solidarité은 기업에 노동 임금 이윤을 되찾아 주고 기업의 고용 손실을 멈출 것이다.

나는 기업 관련 정책이 확실하게 정리되기를 원한다. 나는 기업들의 경쟁력에 악영향을 끼치는 징수액을 줄이고, 기업의 생산적인 투자를 지원하기를 바란다. 이를 이루기 위해 나는 경쟁력 강화를 위한 세액공제액을 경감할 것이며, 기타 기업에 지워지는 각종 지출금을 폐지하거나 경감할 것이다. 공공 지출을 줄이고 오염세나 소비세 등에서 과세를 장려하여 기업의 세액 경감을 보충할 것이다. 이러한 조건이 조성되어야만 기업은 우리 경제를 위한 두 가지 주요 과제인 고용과 투자를 동시에 행할 수 있을 것이다.

규제의 안정화와 세액 경감만으로는 혁신을 이루는 데 충분하지 않다. 우리는 기업가 정신을 장려하고 발전시켜야 한다. 최근 화제가 되는 '스타트업Start Up'이라는 용어는 단지 편승 효과만을 담고 있는 것이 아니다. 스타트업은 새로이 떠오르고 있는 기업과 기업가 모델이다.

스타트업은 경제적 변모와 문화적 변화를 일으키는 요인이다. 오늘날 프랑스는 상처에 낙인을 찍고, 동시에 성공에는 야유를 보낸다. 이러한 패러독스는 우리 미래를 파멸로 이끌 수 있다. 실패의 공포는 우리 아이들의 뼛속까지 파고들어 있다. 학교는 낙제한 학생들에게 학업 우수라는 유일한 모델에 따를 것을 강요한다. 그러면 젊은 학생들은 스스로에 대한 믿음을 잃어 버리고 도전하는 것에 두려움을 가지게 된다. 그렇기 때문에 나는 우리가 '실패한 사람은 시도해 본 사람이다'라는 정신을 되새겨야 한다고 생각한다. 또한, 실패를 겪은 사람은 경험을 축적했기에 단 한 번도 시도해 보지 않은 사람보다 훨씬 더 큰 장점을 지니고 있다. 이와 동시에 성공의 가치 또한 인정해야 한다. 실패와 성공은 동전의 양면과도 같기 때문이다. 우리는 분야를 막론하고 성공을 이룬 이들을 축하하고 인정하는 법을 배워야 한다. 그러니 기업적 성공, 사회적 성공, 지적 성공, 스포츠 또는 문화 분야에서의 성공 등 분야를 막론한 프랑스의 모든 성공에 빛을 밝히자.

프랑스에서 기업가 정신이 꽃피도록 하기 위해 내가 바라는 것이 두 가지 있다. 첫째는 리스크 감수를 보상하는 세법이다. 그리고 부동산 투자가 아닌 재능과 노동, 혁신으로부터 부를 이루는 것이다. 현행 부유세를 포함한 우리나라의 세법이 자신들의 노력으로 기업과 혁신 분야에서 부를 이루고 투자하는 이들에게 불이익을 주어서는 안 된다.

둘째는 우리 기업이 자본을 빠르게, 동시에 대량으로 확보할 수 있도록 해 주는 자금 조달이다. 이는 지식경제 사회에서 필수불가결한 사항이다.

승객과 차량을 이어 주는 우버Uber와 유사한 서비스를 제공하는 국내 기업들이 존재하는데도 불구하고 우버가 해당 분야에서 프랑스 내 1위 기업으로 자리 잡은 이유는 무엇인가? 프랑스 기업들이 몇백만 유로의 자본밖에 확보할 수 없었던 반면, 우버는 수십억 달러의 자본을 확보할 수 있었기 때문이다. 프랑스 기업들이 순수 프랑스 자본을 빠르게 대규모로 보유할 수 없었던 점이 문제이다.

국가가 규정을 보호하지 않고 모두에게 공평한 방식으로 규정을 적용하지 않는다면 앞으로 우리나라에 투자하는 이는 없을 것이다. 국가가 이를 보장하기 위해서는 경쟁 정책을 시행해야 한다. 나는 경쟁 정책이 결정적인 도구라 생각한다. 그러나 우리는 이를 너무 자주, 그리고 인위적으로 산업 정책과 대립시켰다. 하지만 사실 경쟁 정책은 소기업들과 신생 기업들이 혁신적인 모습을 보이며 경쟁하고 노력하면 시장에 진입할 수 있도록 하는 정책이다. 경쟁 정책이 없다면 시장에는 기존에 자리 잡은 기업들만 존재하며 자신들끼리 담합하게 될 것이다. 경쟁은 담합을 방지하고 자유를 허락한다. 이것이 핵심이다.

국가가 유통업체로부터 농민들을 보호하지 않는다면, 대규모 유통업체들이 자신들의 이윤 폭을 늘리기 위해 담합하지 않는 공정한 경쟁을 보장하지 않는다면, 이들이 자신들의 생산 도구를 변화시키기 위해 어떻게 혁신과 투자를 행할 수 있겠는가? 혁신을 이루기 위해서 경쟁은 반드시 필요하다.

국가는 장기적 전망을 제시하는 존재이다.

방금 이야기한 농민들의 예시를 계속해 보겠다. 농민들은 살아남기 위해, 농산품의 가치를 높이고, 저렴한 가격으로 생산 활동을 하기 위해 기계를 구매하고, 현대화를 이룰 필요가 있다. 다른 경제 행위자들과 마찬가지로 농민들 또한 다년간의 농업 활동을 위해 안정이 필요하다. 물가의 변동을 극복하는 것을 돕기 위해 국가가 시장을 규제하지 않는다면, 농민들의 투자를 매우 어려워질 것이다. 국가는 필수적 혁신을 보장하기 위해 관련 산업 계약을 통해 장기적 안정을 보장해야 한다.

부정직한 해외 기업들과의 경쟁 또한 혁신과 고용에 제동을 거는 요인이다. 따라서 이 기업들이 규정을 반드시 준수하도록 만들고, 유럽연합과 함께 모든 부정한 경쟁 상대들과 맞서 싸워야 한다. 바로 이 점에서 유럽 경제 주권이 중요하다. 아시아나 미국의 거대 기업들이 게임의 규칙을 지키지 않을 때, 전략적 산업 분야를 보호해야 할 때, 공권력은 발언권을 가지며 자신의 책임을 다해야 한다. 장관으로서 나는 유럽연합의 목소리를 중국 철강 기업들이 듣게 하고 국내 철강 기업을 보호하기 위해 지속적으로 노력해 왔다. 또한, 온라인 판매 기업에 맞서 수공업자와 상인들을 보호하고, 새로운 경제가 이들 수공업자와 상인들에게 새로운 성장의 기회가 되도록 만들기 위해 이들을 변호했다. 이들의 성장을 가로막는 족쇄이지만 구글·애플·페이스북·아마존에는 적용되지 않는 수많은 규정과 세제와 같은 장애물을 없애고자 노력해 왔다.

시장의 손에만 맡길 수 없는 몇몇 경제 분야가 존재한다. 통찰력을 지니고 프랑스의 주권을 보호해야 하며, 직접 지원, 공적 소유, 해외 투자 허용 등 적용 가능한 모든 공권력 개입 도구가 집결되어야 한다. 국방과 연관된 분야는 우리나라의 군사 주권과 관련된 쟁점이다. 국가는 클라이언트로서 군사 프로그램 개발을 직접적으로 지원한다. 군사 분야에서 국가는 여러 주요 기업들의 자본을 보유해야 하며, 민간 기업들의 자본 증가를 가까이서 지켜보아야 한다. 원자재 분야나 에너지 분야의 경우에도 국가는 주도적인 위치에 있어야 한다. 이는 우리나라의 에너지 독립과 환경 보호를 위한 연대, 우리 기업 전체의 비용, 우리 시민들의 구매력과 관련된 사안이기 때문이다. 그렇기 때문에 최근에 국가가 원자력 분야를 재정비한 것은 정당한 행위였다. 원자력은 탄소를 사용하지 않을 뿐 아니라 경쟁력 있는 가격으로 전기를 생산할 수 있는 에너지 자원이기 때문이다. 그렇기 때문에 미래에는 하나의 기술에만 의존하기 않기 위해 국가가 에너지 다양화에 개입하는 일 또한 정당한 행위일 것이다.

이러한 이유로 나는 절대로 콜베르주의Colbertism에 치우치거나 자유주의에만 입각한 독단적 결정을 내린 적이 없다. 콜베르적 국가주의를 지향하는 국가는 홀로 방향을 결정하고, 결단을 내리며, 정책을 실행한다. 이는 1960년대 프랑스의 컴퓨터 산업 조성 계획Plan Calcul을 떠올리게 만들기도 한다. 자유주의자들은 시장에 실패란 없으며, 최고의 산업 정책은 존재하지 않는 정책이라 생각한다. 나는 국가주의의 의심스러운 효율성과 자유주의의 위험한 순수성, 이 중 그 어느 것도 믿지 않는다.

우리 기업이 미래에 투자하기 위해서 국가는 올바른 보호와 규정 준수를 보장해야 한다. 이는 매우 중요한 과제이다. 10년 전부터 프랑스는 2008년 금융위기 후유증과 싸우고 있다. 자연스레 우리는 무역 적자와 예산 적자, 이율 감소 등의 문제에 사로잡혀 왔다. 여러 측면에서 이와 같은 수치들은 증가했다. 우리나라의 예산 적자는 감소했으며, 경쟁력은 크게 증가했다. 그러나 실제로는 지난 30년간 세계화를 목격하면서도 우리는 그 속에서 우리의 자리를 찾지 못했다. 우리가 찾아야 할 자리는 우수성, 기업가 정신, 혁신, 디지털·문화·환경적 전환의 아방가르드로 구성된 경제이다.

07

프랑스의 산업 생산과
지구 살리기

프랑스의 산업 생산과
지구 살리기

21세기 경제 계획에서 성공을 거두기를 원한다면 우리는 환경 분야 과제에 대한 해답을 제시해야 한다. 현재 삶의 질을 저하시키지 않으면서도 어떻게 100억 명 이상의 인간이 지구 위에서 살아가도록 만들 것인가? 이는 더 이상 여러 비슷한 사안 중 한 가지 주제이거나 선택 사항이 아닌 핵심 주제로 자리 잡았다. 환경은 우리의 영양, 건강, 주거, 교통수단 등과 연관되어 우리 일상의 중심에 있다. 환경은 우리의 개발 모델을, 더욱 중요하게는 우리 문명의 지속성을 뒤흔든다.

환경 보호를 위한 투쟁은 무엇보다도 정치적이다. 지난 세기 사회 계급 간 점점 벌어지는 격차를 모르는 체하고 싶어 하는 이들이 있었던 것과 마찬가지로, 오늘날에는 확신에 의해서든 예측에 의해서든 지구 온난화를 부정하는 기후 변화 회의론자들이 존재한다. 미국과 유럽의 국가원수들이나 대통령 후보들은 '기후 변화 회의론자들의 말을 들으면 우리는 계속해서 지금처럼 살고, 소비하고, 생산할 수 있을 것이다'라는 견해를 공개적으로 옹호한다. 그러나 장 주젤 Jean Jouzel 을 비롯한 최고의 기후학자들이 주장한 기후 변화론을 제대로 반박한 이는 단 한 명도 없다.

우리에게는 더 선택의 여지가 없다. 우리는 이미 시작된 에너지 전환을 더욱 가속화해야 한다. 그리고 이러한 사실에 계속해서 관심을 갖고 주위에 알려야 한다.

온실가스 배출 감소를 위해 세계적 차원에서 정의한 목표들이 있다. 작년 파리에서 개최된 제21차 유엔기후변화협약 당사국총회는 온실가스 감축을 위해 전 세계가 내딛는 첫발이었다. 이 총회에서 2100년까지 지구 온도의 상승을 섭씨 2도로 막는 것을 목표로 하는 협약이 체결되었다.

우리가 이러한 합의를 이끌어냈다는 것은 지구가 위험에 처해 있으며, 이를 막기 위해 행동해야 한다고 생각하는 이들이 점점 더 많아진다는 사실을 보여 준다. 산업 시대가 도래한 이래로 지구 평균 온도는 실제로 1도 상승하였다. 우리는 온도 상승이 가져온 영향을 이미 목격하고 있다. 매년 날씨가 점점 더워지고 있다. 우리는 미래 에너지 자원을 발전시키는 것보다 과거로부터 비축되어 온 에너지 자원을 채굴하는 데 더 많은 돈을 쓰고 있다. 제7의 대륙이라 불리는 쓰레기 섬이 북태평양을 떠돈다. 한쪽에서는 우리가 생산한 음식물의 1/3을 낭비하고, 다른 한쪽에서는 비만율이 상승하고 있다. 우리가 1~2년 남짓 사용한 후 버린 기계가 분해되는 데는 수세기가 걸릴 것이다. 이러한 현상은 점점 더 심화되고 있다. 온실가스 감축을 막기 위해 아무런 노력을 행하지 않는다면, 지구 평균 온도는 2100년까지 4도 이상 상승할 것이다. 이렇게 된다면 해수면이 극심하게 상승하고, 수많은 섬과 방글라데시와 같은 국가는 사라지게 될 것이다. 또한, 여러 극단적 이상기온 현상이 나타날 것이다.

기후 변화가 환경에 미칠 영향뿐 아니라 사회에 미칠 영향도 끔찍할 것이다. 수억 명의 기후 난민이 발생해 이민 문제를 발생시키고 세계 평화에도 영향을 미칠 수 있기 때문이다. 시리아는 2006~2011년 사상 최악의 가뭄을 겪었다. 기후 변화로 인해 발생한 이 가뭄은 시리아 내 전쟁을 발발하게 만든 요인 중 하나로도 꼽히고 있다. 기후 문제는 가장 먼저 취약층, 최빈곤층, 아동과 미래 세대를 위협한다는 사실을 잊어서는 안 된다.

인류 역사상 가장 더웠던 해로 기록될 2016년의 기온을 보면 지금 당장 기후 변화를 막기 위한 행동을 개시해야 한다는 사실을 깨닫게 된다. 그렇기 때문에 나는 파리기후협약 이행을 위해 프랑스가 보인 노력을 높이 평가한다. 이 협약은 정부, 기업, 노동조합, 각종 협회 및 단체, 종교 기관 등의 놀라운 사회적 결집을 이끌어냈다.

하지만 아직도 할 일이 많이 남았다는 점에는 변함이 없다. 특히 도널드 트럼프 대통령 당선 이후 더욱 그렇다. 유럽은 제21차

당사국총회에서 채택된 결의를 미국을 포함한 전 세계가 준수하도록 만들기 위해 노력해야 한다. 제21차 당사국총회의 결의 내용이 지구 온도 섭씨 2도 상승 방지 목표와 양립하지 않기 때문에 결의 내용을 상향 조절해야 한다는 점에서 더욱 그렇다. UN 지속가능개발목표SDG에 포함된 생물 다양성 및 바다를 보호하기 위해 전 지구적 결집 또한 필요하다. 그리고 세계에서 두 번째로 큰 연안 지역을 보유한 프랑스는 이를 위해 매우 중요한 역할을 담당한다. 프랑스는 세계 18대 최대 생물 다양성 보유국 중 유일한 유럽 국가이며, 멸종 위기 동·식물군을 가장 많이 보유한 세계 10대 국가 중 하나이기도 하다. 또한, G7, G20, 유엔 국제연합안전보장이사회 등 세계 주요 거버넌스 기구 회원국이기도 하다.

우리는 이러한 환경 보호 행위를 실행 및 수호해야 한다. 환경 보호 전문 국가 기관을 환경 보호 정책을 펼치기에 적합한 해외 영토로 이전시키자. 생물 다양성과 기후의 중요성을 가장 잘 보여 주는 프랑스 영토는 해외 영토이다. 따라서 환경 보호를 위한 우리의 메시지는 파리에서부터가 아니라 해외 영토에서부터 송신되어야 한다.

우리 스스로 모범을 보이는 것 또한 중요하다. 그렇기 때문에 나는 환경 정책을 내 공약의 중심에, 또한 유럽연합 발전 정책의 한가운데에 놓고 싶다.

이렇게 하여야 전 세계에 우리의 목소리를 정당하게 낼 수 있을 것이다. 또한, 나는 우리가 정립할 새로운 생태학이 우리가 발전시키고자 하는 새로운 경제와도 전혀 모순되지 않을 것이라는 낙관적인 전망을 하고 있다. 오히려 새로운 생태학은 새로운 경제를 설립하기 위해 필수적인 요소 중 하나이다. 새로운 해답을 제시할 수 있고, 에너지를 덜 소비하는 주거지를 건설할 수 있고, 친환경 농업을 발전시킬 수 있는 기업들에 새로운 기회를 제공할 테니 말이다. 이를 위해서는 공공 투자 및 지원이 필수적이다. 새로운 생태학은 우리에게 더 나은 먹거리를 제공하고, 우리의 건강을 증진시키고, 덜 오염된 공기로 숨을 쉬게 해 주는 등 우리 삶의 질을 향상시켜줄 것이기 때문에 우리 사회에도 좋은 기회이다.

경제적 · 생태학적 필요성은 미래에 점점 더 보완될 것이다.

태양으로 동력을 얻어 세계 일주를 해낸 비행기 솔라 임펄스 Solar Impulse 의 이야기는 잘 알려져 있다. 하지만 화학 분야의 발전 덕분에 이러한 진보가 가능했다는 사실은 잘 알려져 있지 않다. 프랑스는 환경 혁신 분야의 세계적 리더가 되기 위한 모든 조건을 보유하고 있다.

친환경 기술을 뜻하는 '클린 테크' cleantech 는 미래 세계 경제의 주요한 받침대가 될 것이다.

태양광 기술 운영비는 2009년 이래로 80%까지 감소하였으며, 2025년에는 약 60%까지 감소해 태양광이 가장 저렴한 전기 생산 방식으로 자리잡는 데 기여할 것으로 예상된다. 풍력, 태양열 등 재생 가능한 에너지가 안고 있는 가장 큰 문제점은 장거리 운반과 저장이다. 하지만 전 세계 많은 스타트업 기업들이 이를 해결하기 위해 노력하고 있으며, 해당 분야를 연구하는 프랑스 기업들은 세계 최고 수준을 보유하고 있다.

더불어 바다는 현재 그렇듯이 앞으로도 에너지 전환을 위해 점점 더 중요한 장소가 될 것이다. 재생 가능한 해양 에너지 개발이 계속되어 에너지 생산의 다양화가 가능해질 것이다.

에너지 효율성에 관해서는 절연을 이용해 건물 내 에너지 소비량을 줄이고 고효율 난방 설비를 설치하는 것을 주요 노력 방안으로 실행해야 한다는 사실을 우리는 알고 있다. 콘덴싱 보일러가 표준 사양이 되었으며, 히트 펌프와 목재 난방 효율성은 상당한 수준으로 향상되어 건설 회사들은 지붕과 건물 외관의 절연 작업을 더욱 쉽게 할 수 있게 되었다.

우리는 시대를 변화시키고 있다. 어제가 석유를 기반으로 세워진 시대였다면 내일은 대중교통과 개인 차량 모두 전기 추진을 기반으로 하는 시대가 될 것이다. 전기차는 이미 엄청난 기세로 발전하고 있다. 전기차 모델이 점점 다양화되고 있으며, 주행 거리 또한 크게 증가하고 있다. 그뿐만 아니라 10년도 채 안 되는 기간에 생산비가 절반으로 감소하였다. 디지털 기기를 활용하여 차량과 자전거 공유가 활성화되는 등 교통수단 이용 측면에서도 혁신이 이루어지고 있다.

새로운 친환경 경제는 오늘날 망가진 땅과 강, 플라스틱 섬으로 오염된 바다를 재건하는 우리의 능력에 달려 있을 것이다. 우리가 집과 일터에서 들이마시는 공기의 질 또한 중요하다. 대기

오염으로 인해 도심에 거주하는 30세의 평균 수명은 15개월, 도서 산간 지역에 사는 같은 연령의 평균 수명은 9개월 감소하였다. 게다가 몇몇 연구에 따르면 대기오염으로 인해 발생하는 프랑스 내 비용은 연간 수천억 유로인 것으로 산출되었다.

공장들 또한 변화를 이루기 위한 작업에 착수하였다. 지난 20년간 프랑스에서 온실가스 배출량을 가장 많이 줄인 곳은 바로 공장들이다. 또한, 유황, 다이옥신 등 유독성 입자는 이제 거의 배출되지 않을 정도이다. 미래의 공장은 새로운 에너지 자원으로써 열을 활용해 우리 도시에 열에너지 네트워크를 구축하고 우리의 소비 활동으로부터 나온 폐기물을 에너지 자원으로 활용하는 등 우리가 에너지 활용의 새로운 단계를 뛰어넘도록 해줄 것이다. 그리하여 그 어떤 쓰레기도 생산되지 않고 모든 것이 재활용되는 순환 경제가 이루어질 것이다.

프랑스는 화학·물리학·생물학 분야에서 강세를 보이며, 대기업-큰 성장세를 보이는 중소기업-탄탄한 경쟁력을 갖춘 스타트업 기업으로 이어지는 단단한 기업 구조를 보유하였다. 그렇기 때문에 순환 경제를 구축하기 위한 각종 기술을 갖추는 데 있어 최적의 강점을 지닌 국가라 할 수 있다. 따라서 친환경 기술 보유를 위해 모든 경제 행위자들에게 강력한 정치적 추진력과 대대적인 국가적 집결의 신호를 보낼 때가 되었다고 할 수 있다.

이렇게 중요한 순간을 그냥 흘려보내지 않도록 주의할 필요가 있다. 2000년대로 넘어가던 때, 프랑스는 IT 신기술로 전환되는 세계의 흐름을 놓친 적이 있다. 그로 인해 결국 오늘날 디지털 혁명은 미국 대기업들이 주도하게 된 것이다. 우리는 향후 5년 내 클린테크 분야 강대국 대열에 들 수 있도록 노력해야 한다. 이는 지구를 위한 과제일 뿐 아니라 우리의 산업 주권을 위한 과제이기도 하다. 프랑스는 과거만큼 생산을 할 수 없게 될 것이다. 결국, 핵심은 수많은 고용 창출과 높은 국고 보유이다.

한편, 금융 도시로서 파리는 녹색 금융계의 세계적 리더로 변모하기 위한 전략과 규칙을 취하고 있다. 이러한 관점에서 나는 시민들과 기업들의 친환경 행위를 중시하는 과세 제도를 도입하는 것이 유럽에 큰 이득이 될 것이라 생각한다. 이리하면 노동과 관련된 과세를 경감할 수도 있을 것이다.

이 새로운 생태학은 우리에게 21세기는 도시가 점점 더 중요하게 대두되는 시대라는 사실을 일깨워 줄 것이다. 도시는 오늘날 우리가 맞닥뜨리고 있는 환경 문제들을 해결하기 위해 중요한 역할을 맡고 있으며, 우리는 이를 위한 역량을 갖추고 있다.

역사적으로 프랑스는 '지속 가능한 도시'라는 용어가 만들어지기 전부터 지속 가능한 도시 형태를 구축하고 있었다. 미국이나 아시아 국가의 도시들과는 달리 유럽의 도시들은 밀집된 형태를 이루었으며, 차도나 도시구획에 맞춰 건축되지 않았다.

저탄소 대중교통 이용을 활성화하고 스마트 에너지 네트워크를 구축할 수 있는 곳은 밀집된 도시 내이다. 따라서 유럽 도시들은 스마트 네트워크 구축·완전한 스마트 에너지 구역 건설·카 셰어링을 비롯한 모든 이동 수단 시스템 개발에 있어 전위적인 위치에 있다고 할 수 있다.

이러한 스마트시티는 검소할 뿐 아니라 인간적이기도 하다. 스마트시티는 사람들 간의 만남을 도와 거주민들 간 새로운 네트워크 구축을 원활하게 해 준다. 우리가 발전시키고자 하는 생태계는 제한의 생태계가 아니라, 온화한 도시 속에서 거주하며 즐거움을 느끼는 생태계이다. 스마트시티에 사는 시민들은 하루하루가 지날수록 친환경 행위자가 된다. 에너지 소비량을 조절하고 공유 정원을 가꾸는 사람들이 된다.

프랑스는 지속 가능한 도시 건설 노하우를 갖춘 월드 챔피언 중 하나이다. 파리의 지하철 노선이 세계에서 가장 밀집된 형태를 갖춘 것은 우연이 아니다. 파리와 리옹이 세계에서 공유 자전거 도로를 구축한 첫 번째 도시들 중 하나라는 사실 또한 우연이 아니다.

이러한 변화의 혜택은 모든 이들에게, 특히 사회적으로 가장 약자인 이들에게 돌아가야 한다. 그 어떤 경우에도 스마트시티가 스마트시티에 입주할 경제력을 갖춘 이들에게만 주어지는 낙원으로 전락해서는 안 된다. 스마트시티가 모두의 도시가 되기 위해서는 대중교통에 많은 투자가 이루어져야 하고, 서민 지역을 개발해야 하며, 도시 개조를 위해 민관 투자가 함께 행해져야 한다. 최빈곤층이 최소한의 비용으로 스마트시티로 이주하여 아름다운 주거 지역에 살 수 있도록 해야 한다.

이 새로운 경제 생태학을 통해 농업 지역에도 변화가 이루어질 수 있다. 우리가 기회만 잘 활용한다면 우리의 농업에 크나큰 발전을 이룰 수 있다. 에너지 생산 및 효율 증대를 통한 경제 활동의 다양화는 농업인들에게 새로운 소득원이 될 수 있기 때문이다. 또한, 낙농업·축산업·곡물업 등에서 나타나는 경제적 위기, 광우병·조류독감 등의 보건 위기, 농약·질산염 사용으로 비롯된 환경 위기와 같은 여러 위기의 증대는 현재 농업 모델이 위기에 있음을 보여 주기도 한다. 모든 프랑스인들과 마찬가지로 프랑스의 농업인들이 원하는 것은 자신들의 생업으로 삶을 영위하는 것뿐이다. 이들은 더 많은 지원을 요구하는 것이 아니라, 자신들의 노동에 대한 합당한 보상을 받고 싶어 할 뿐이다. 소비자들은 안전하고 균형 잡힌 음식 재료를 구매하기를 희망하며, 농업인들이 자신들에게 이러한 음식 재료를 가져다줄 것이라 믿는다. 미래에 우리는 소비자들에게는 합리적인 가격으로 양질의 음식 재료를 구매할 수 있도록 하고, 농업인들에게는 합당한 소득이 돌아가도록 하기 위해 프랑스 사회와 프랑스 농업 분야 간 새로운 협약을 체결해야 한다. 이 사회적 협약을 체결하기 위해서는 경쟁력을 보유하면서 동시에 지속 가능한 농업이 전제되어야 한다. 나는 경쟁력과 지속 가능성이 서로 모순되는 특성이라 생각하지 않는다. 우리는 농업인들과 농산물 가공업자들에게 이 전환의 기회를 잡을 수 있도록 해 줘야 한다. 또한, 대형 유통업체들도 자신의 역할을 다 하도록 감시해야 한다.

이를 위해 우리는 합리적인 가격 책정을 가능하게 하는 계약을 활용하여 서로 다른 산업 사이를 더 잘 조절할 필요가 있다. 이 합리적인 가격은 생산업자와 가공업자 및 유통업자들의 생계와 투자를 보장하는 가격이어야 한다. 이러한 가격이 책정되기 위해서는 모든 이윤이 투명하게 책정되어야 하며, 모든 당사자가 가격의 불안정성을 어쩔 수 없이 받아들이는 것이 아니라 가격을 내다볼 수 있도록 다년 조약을 체결해야 한다. 농업 분야의 모든 당사자는 농업이 우리의 식량 주권, 다시 말해 우리의 미래와 직결되어 있다는 사실을 이해해야 한다.

이러한 맥락에서 유럽연합이 2020년 새로 수립할 공동 농업 정책 PAC, Politique Agricole Commune 은 급격한 가격 변동을 보호하기 위한 더욱 효율적인 조정 사항을 확립하는 중요한 회합의 장이 될 것이다.

실제 현장에서도 변화가 이루어져야 한다. 농업인들은 생산물의 가치를 향상하기 위해 더욱 노력을 기울여야 한다. 이를 위해 우리는 농업인들에게 지원을 제공하고 독려해야 한다. 나는 파리 북동부 엔Aisne 에 위치한 도시 샤토티에리Château Thierry로부터 몇 킬로미터 떨어진 곳에 위치한 농장주를 만난 적이 있다. 가족이 운영하는 이 농장에서는 돼지와 가금류를 기르고 있었는데, 경영난으로 인해 오래전부터 폐업 위기에 처해 있었다. 50마리의 돼지를 가지고는 최근 몇 년간 경제 위기에 대응할 방도가 없었다. 그러나 농장주는 생산물의 품질 향상에 투자하고 판매망을 짧게 수정하였다. 오늘날 이 농장은 계속 운영되고 있는 것은 물론, 농장주의 세 아이 또한 판매 상품을 다양화하기 위해 경영에 참여할 예정이다.

　이러한 변화를 이미 이뤄낸 선례로 포도원 경영자들의 경우를 들 수 있다. 프랑스 남부 지역의 와인 생산자들은 기존의 와인 대량 생산 시스템을 프랑스 정부가 와인 산지를 구분하고 와인 제조를 통제하는 AOC(Appellation d'Origine Contrôlée)로 대체하였다. 적자를 면치 못하던 와인 생산자들은 이러한 변화를 통해 새로운 추진력을 얻게 되었으며, 와인 관광 분야의 부흥마저 불러일으킬 수 있었다. 우리는 와인 산업에서 일으킨 변화를 우리의 모든 산업 분야에 일으키기 위해 노력해야 한다. 국내 소비자들뿐 아니라 해외 소비자들 또한 대상으로 하는 산업 분야에 말이다. 최근 프랑스 요리가 유네스코 문화유산으로 등재되었다. 프랑스 요리가 지닌 이러한 고급 브랜드 이미지를 이용한다면 프랑스의 모든 농산물에 새로운 판로를 찾아줄 수 있다. 다른 모든 산업에서와 마찬가지로 프랑스산 농산물은 큰 경제적 이득을 가져다 준다.

　프랑스인들은 지구의 미래에 대해 유럽 국가 내에서도 가장 큰 관심을 기울이는 시민이지만, 분리수거나 건물 내 에너지 혁신 등 기존의 관습을 바꾸는 데 있어서는 유럽 전체 평균 수준에 그치는 모습을 보인다.

　환경 문제는 전문가들 간 토론의 장을 마련하거나 국제 학술대회를 개최한다고 해서 해결될 수 있는 문제가 아니다. 환경 문제는 우선적으로 각 가정, 기업, 지역사회, 비정부 조직 등이 일상에서 내리는 결정과 수립하는 이니셔티브에 달린 문제이다. 이 결정과 이니셔티브의 예로는 분리수거, 지속 가능한 방법으로 생산된 물품 구매, 지속 가능한 원재료 공급, 친환경 제품 생산, 일회용품이 아닌 재사용품 이용, 친환경 교통수단 이용, 친환경 절연 공사 등이 있다. 이러한 행위를 장려하고, 이를 가능케 해 주는 도구를 만드는 데 공권력이 투입되어야 한다. 그러나 각 경제 행위자들이 내려야 할 결정을 정부가 대신해서는 안 된다.

각 행위자들이 정부의 결정을 신뢰하면서 동시에 친환경 행위에 참여하는 각자의 방법을 찾을 수 있도록 해야 한다.

08

교육에 대하여

교육에 대하여

미래에 대한 투자와 21세기형 생산 모델 구축은 국가 생산성 제고의 핵심이다. 국가의 재도약을 실현하고 현재 진행 중인 글로벌 기술 혁신의 과정에 개개인이 낙오되지 않고 사회에 안정적으로 정착하여 일할 수 있도록 하려면 학교에서부터 개혁이 시작되어야 한다.

출신에 따라 국민을 선별 배정하는 모든 시스템과 관행에 단호히 맞서야 한다. 잘못된 관행에 대한 저항과 거부야말로 프랑스를 진정 프랑스답고 위대하게 만드는 것이다. 그러나 단지 저항에 만족할 것이 아니라 한발 더 나아가 지식과 문화에 대한 접근 기회가 누구에게나 공평하게 주어질 수 있도록 싸워야 한다.

과거 20세기 우리의 초·중등 학교, 대학과 그랑제콜은 자신에게 주어진 역할을 훌륭히 수행했다. 프랑스가 과학, 기술, 경제, 군사, 문화, 정치적 강대국이 된 것은 결코 우연이 아니다. 그토록 오랜 기간 우리가 번영을 구가할 수 있었던 것은 바로 국민들이 그만큼 훌륭한 교육을 받았기 때문이었다. 최대한 많은 사람이 교육의 기회를 얻었고, 그로 인해 대입 자격시험 합격자와 고등교육 학위 취득자의 수도 놀랄만큼 증가했다.

그러나 불행히도 현재의 학교 교육은 초라하기 짝이 없는 결과를 낳고 있을 뿐이다. 우리의 교육 시스템이 불평등을 해소하기는커녕 오히려 유지하고 심지어 심화시키고 있는 것이다. 학생들은 자신감을 잃고 부모들은 불안해한다. 특히나 교사들은 그들의 노력과 공을 인정할 줄 모르는 관료적 시스템의 무관심 속에 방치된 채 힘겹게 하루하루를 보내고 있다.

초등학생 다섯 명 중 한 명이 읽기와 쓰기, 숫자 세기를 익히지 못한 채 졸업하는데 이 대량 낙제자 중 상당수가 주로 가난한 이민 가정 출신 아동이다. 그들은 기술, 직업교육 커리큘럼을 운영하는 중학교, 고등학교로 진학하는 것도 쉽지 않으며, 진학한다 해도 그나마 이루어지는 직업 기술교육의 수준은 독일의 효율적 교육 시스템에 한참 못 미친다. 초등 5학년이 되어서도 읽기와 쓰기를 못한다면 제대로 전문 교육을 받을 수 있는 기회도 거의 사라지며, 이후 사회에 나가 일자리를 구하기도 어렵다.

우리의 고등교육 제도는 뛰어난 잠재력을 가진 학생과 그렇지 않은 학생을 철저히 구분하고 있다. 뛰어난 학생들은 그랑제콜이나 유명 대학에 진학하여 수준 높은 교육을 받지만 나머지 학생들은 국가의 무관심하에 진지한 지도 없이 대학 수업을 무작정 따라가고 있는 것이 현실이다.

교육과 관련하여 우리는 너무나 많은 엉터리 개혁 정책을 마구잡이로 펼쳐왔다. 가장 최근에 단행된 정책으로는 학교 시간표 개혁을 들 수 있는데, 학교 시간표는 학생들의 일과와 학교의 정상적 운영에 매우 큰 영향을 미치는 문제임에도 불구하고 이렇게 중요한 정책을 단행하면서 정부는 개혁의 목표에 대한 진지한 고민 없이 수업을 없애거나 새로 만드는 등 이리저리 짜맞추기만 했던 것이다. 제대로 된 결과물을 만들어 내지도, 결과에 대한 평가도 없이 예산을 증액했다가 깎았다가 하면서 말이다. 좌파 우파 가릴 것 없이 돌아가며 교육 정책을 망쳐 놓는 바람에 세계 5위 경제 대국 프랑스의 기초학력 평가 성적은 한심하기 짝이 없는 수준으로 떨어지고 말았다. 수학 과목의 기초 지식뿐만 아니라 영어 말하기와 쓰기, 기타 다른 과목에서도 모두 마찬가지이다.

꽤 오래전부터 정부는 근본적 개혁을 주저해 왔으며 심지어 새로운 문제 제기마저 회피함으로써 참신한 해법이나 효율성마저 기대할 수 없게 되어 버렸다. 우리 아이들, 특히 최빈곤층 아동 300만 명에 이르는 프랑스 국민이 빈곤선 이하에서 허덕이고 있다 의 미래는 단순히 예산의 증감 혹은 이러저러한 프로그램 개선 논의 차원을 뛰어넘어 그보다 훨씬 근본적이고 심오한 대책을 요구하는 문제이다.

우리 사회에 대개혁이 필요한 곳이 있다면 그 첫 번째가 바로 학교다. 학교 개혁은 크게 세 가지 부문으로 나뉜다.

제일 먼저 초등교육을 들 수 있다. 초등학교야말로 불평등이 오랫동안 깊이 뿌리박힌 곳이며 한편으로는 개혁의 효과가 가장 분명하게 나타날 수 있는 곳이기도 하다. 초등교육에 대한 프랑스 정부의 투자는 선진국 평균보다 현저히 낮다. 초등교육에서 좋은 성과를 거두지 못한다면 중등학교에서의 상황도 결코 개선될 수 없을 것이다. 그러므로 유치원과 초등학교 교육의 수준과 공정성을 강화하는 것부터 먼저 시작하자.

초등학교와 특히 교육우선지구reseaux d'éducation prioritaire, 어려움에 처한 학생의 비율이 매우 높아 정부의 허가하에 특별 교육 프로그램이 운영되는 학교 전체를 말함 역주에 속한 유치원을 대상으로 한 대규모 교육 계획이 마련되어야 할 것이다. 이 대규모 투자에는 교육우선지구 학교의 CP반우리나라의 초등 1학년에 해당되는 예비 과정 역주의 분반 및 일부 도시와 농촌을 위한 교사 양성 계획이 포함되어야 한다. 아울러 비교육 인력 충원과 학교 의료 개선에도 투자가 마찬가지로 이루어져야 할 것이다. 초등학교 졸업 시점에도 읽기 쓰기를 못하는 아동 중에는 시각이나 청각에 이상이 있는데도 진단이 늦어 치료 시기를 놓친 경우가 많다. 학교 보건 인력과 시설에 적절한 투자가 이루어지면 초기에 이상을 발견하여 치료하거나 조치가 취해질 수 있을 것이다. 아동의 건강과 학업 성취 문제는 내가 가장 중점적으로 관심을 갖고 있는 분야이다. 나는 지금까지 비용만 많이 들고 실효성도 없던 여러 개혁 정책을 중단하고 여기에 우선적으로 재정을 투자할 생각이다.

취약계층 아동의 조기 입학은 읽기와 쓰기에 필수 조건인 다양한 어휘와 언어 습득 측면에서 긍정적인 효과가 있으므로 확대할 필요가 있다.

지역의 균형적 발전과 교류를 촉진하고 사회적, 교육적 결정론이 어린 아동에게 주입되는 것을 방지하기 위해 나는 학군 시스템을 재검토할 생각이다. 이러한 나의 계획에는 아동의 학교 배정에 관한 보다 명확한 기준을 수립하고 혁신적인 집중 교육 프로그램을 적용하여 취약 지구 학교의 수준을 높이며, 통학 수단을 확보하는 등의 구체적 정책이 포함된다.

중학교 유럽어 수업 폐지는 잘못된 결정이므로 재검토할 생각이다. 유럽어 교육이야말로 우리 청소년들을 진정한 유럽 시민으로 이끌어 줄 관문이다. 따라서 모든 학교의 6학년 과정에 영–독 이중 언어반을 개설한 계획이다. 독일어 구사 능력을 갖춘 청년들을 양성하는 것은 미래의 프랑스–독일 관계에도 도움이 되며, 이는 드골 대통령이 당시 서독과 체결한 조약과도 일맥상통한 것이다.

초·중등학교 개혁에 이어 두 번째 교육 개혁 대상은 바칼로레아 대입자격시험 전후 진로 교육이다. 이 문제가 시급한 이유는 교육행정 당국 책임자들이 여기에 별 관심이 없어 보이기 때문이다. 현재 매년 약 10만여 명의 학생들이 학위나 특별 직업교육

없이 학교를 졸업하고 있다. 고교 졸업생의 80%가 바칼로레아 시험을 준비하고 치르지만, 그중 상당수는 이후 대학 교육에 적응하지 못하고 중도에 포기하고 만다. 학생 개인에게나 사회적으로나 이만저만한 손실이 아닐 수 없다.

바로 여기에서 뿌리 깊은 불평등이 발생한다. 유복한 가정에서 자라나고 학업 성적이 좋다면 그랑제콜 입시반에 들어가거나 특별 선발 교육과정에 합류할 수 있다. 점점 더 많은 수의 학생들이 유럽이나 북미 유수 대학으로 유학을 떠나는 것은 말할 필요도 없다. 그러나 진로에 대해 조언해 주거나 이끌어 줄 사람이 없는 경우에는 아무런 지식도 없이 남들과 비슷한 대학에 그냥 들어간다. 더 나은 학과나 좀 더 전문 교육이 가능한 진로가 있는지도 모르고 말이다. 그러므로 중학교에서부터 좀 더 체계적이고 실질적인 진로교육이 이루어질 수 있도록 제도가 개선되어야 한다.

진로교육은 학생 개인의 잠재적 능력에 맞추어 이루어져야 한다. 그들이 스스로 자신의 길을 선택할 수 있도록 충분한 정보를 제공해 주어야 한다. 그런 의미에서 나는 대학이나 전문 교육 기관이 이전 3년간의 수강생 교육 결과를 명확하게 공개해야 한다고 생각한다. 몇 명이 끝까지 과정을 마쳤으며 수강 후 취업한 학생과 상급 교육기관 진학생의 숫자가 각각 얼마나 되는지 등의 정보를 제공해야 한다는 것이다. 보다 구체적이고 충실한 정보 제공과 투명성이 보장될 때 현재와 같은 불평등한 환경도 개선될 수 있을 것이다.

우리 교육 시스템의 가장 뛰어난 장점으로 전문 직업교육을 내세울 수 있을 정도로 만들어야 한다. 직업교육은 진로 지도 교육과도 관련된다. 직업교육이 지금까지 제대로 자리 잡지 못하고 있다면, 그것은 국가가 그 중요성을 간과하고 있거나 나아가 방해하고 있기 때문이다. 그뿐만 아니라 대부분 기업이 전문인력 양성자로서의 역할을 거의 외면하고 있는 탓도 있다. 복잡하게 생각할 것 없다. 정부는 직업교육 프로그램과 틀을 짜고, 그 운영은 지방정부에 맡기도록 하자.

마지막 개혁 대상은 대학이다. 프랑스의 대학들은 교육의 질과 성과 면에서 세계적 수준을 자랑해 왔다. 다수의 노벨상 수상자 실적과 함께 다양한 분야에서 눈에 띄는 성과를 거두고 있다. 또한, 한층 더 전진하려는 열망과 에너지는 전국 대학 현장에서 이루어지는 혁신 운동을 통해 충분히 드러난다. 그리고 학생들은 대학에 다니는 것을 자랑스러워한다. 대학의 빛나는 성과를 강조함으로써 우리는 학생과 교수, 내국인과 외국인 가릴 것 없이 모두에게 대학에 대한 애정과 욕망을 심어 준다. 대학 교육에 대한 이러한 자긍심은 사회적 단결과 우리 경제의 미래를 위해서도 필요하다. 그러나 우리 대학 앞에 놓인 도전은 만만치 않다. 대학생 숫자는 과거와 비교하면 폭발적으로 늘어났는데 이러한 추세는 앞으로도 지속될 것이다. 1960년대 이후 고등교육 기관 정원은 8배나 증가했다. 대학 간 국제 경쟁도 몹시 치열해졌으며 앞으로도 강화될 것으로 보인다. 이렇듯 치열한 경쟁은 일본, 중국 등 아시아 국가가 주요 요인이다. 오늘날 파리대학의 주요 경쟁자는 파리의 다른 대학이 아니라 스위스 로잔 연방 에콜 폴리테크닉 혹은 영국의 런던 정치경제대학교이다. 디지털 기술 혁명 덕택에 이제는 파리에 앉아서 보스톤 MIT 강의를 들을 수가 있다. 학교에 등록하지도 않고, 그 학교의 학생이 될 필요도 없이, 그리고 비용도 거의 지급할 필요 없이 말이다. 지식 산업 시장을 둘러싼 규제가 조금씩 사라지고 있다. 특히 경제 분야에서의 변화가 두드러진다. 공장, 은행, 보험 등 수백만 일자리가 변화를 맞고 있다. 현재의 실업률은 새로운 경제적 기회 앞에서 프랑스가 어떻게 대처하고 있는지를 그대로 반영한다. 우리의 대학들이 미래에 잘 적응하고 교육 혁신에 성공한다면 프랑스의 경제도 세계 선두 대열에 머물 수 있을 것이다.

그런 의미에서, 성공을 바란다면 우리는 대학에 좀 더 많은 학문의 자율권과 수단을 제공해야 한다. 실효성 있는 지원을 통하여 가난한 학생들을 보호하고, 부유한 학생의 기여 입학을 대학에 허가하며, 훌륭한 교수진 영입 방편을 마련해 주고, 주중 저녁과 주말에도 도서관을 개방하도록 하자. 그것이 학생들이 바라는 것이며 해외 많은 나라, 특히 미국에서 이미 그렇게 하고 있다. 낡은 신념은 이제 끝내자. 그로부터 피해를 보는 대상은 단 하나, 바로 우리의 젊은이들이다. 청년들이 성공적인 삶을 살아가도록 만드는 것은 우리의 의무이다.

어떻게 하면 교육 개혁이 성공할 수 있을까? 성공의 열쇠는 교육자에게 있다. 나는 문제가 교수 인력난에 있다고 보지 않는다. 교사가 되기를 희망하는 사람들은 그 어느 때보다도 많다. 문제는 교육 당국의 운영 방식, 즉 행정 당국과 국가 노조 단체가 탁상공론식으로 끌고 가는 교수 단체 운영 방식에 있다.

경직되고 불투명한 인사 이동 규정으로 인해 관련 교사는 물론이고 그렇지 않아도 열악한 환경에 놓여 있는 아동들까지 모두 더 이상 참을 수 없는 상황으로 몰렸다. 센-쌩드니 지역이 바로 그러한 예다. 그곳의 교사들은 너무 젊고 경험도 부족할 뿐 아니라 그나마 인원도 부족하다.

행정 서류가 계속 늘어나고 특히 공문이 너무 많은 반면 지원 대책이나 실험, 평가, 업무 분담 규정은 너무 미약하다. 한편에는 백만 명이 넘는 공무원들에게 업무를 지시하면서도 세세한 사항은 생략하는 교육 당국이 있고, 다른 한편에는 '자율'이라는 단어를 입 밖으로 내뱉으면 공화국의 평등 정신이 깨어지기라도 할 것처럼 벌벌 떠는 보수주의자들이 있다. 획일성이 평등의 요건은 아니라는 점을 하루빨리 깨달아야 한다. 모든 이에게 똑같은 조건을 적용하면 결국 극소수의 사람만이 유리해진다. 그러므로 획일성을 버리고 적게 가진 사람에게 더 많은 것을 보장해주어야 한다. 초등 5학년에 이르도록 읽기와 쓰기도 못하는 아동의 비율이 60%에 달하는 우선교육지구 초등학교가 부유한 동네 학교와 어떻게 같은 성적을 거둘 수가 있겠는가? 평등사상을 수호한다는 핑계로 이 양쪽 학교에 똑같은 지원을 하는 것이 과연 타당한 일일까? 우선교육지구 학교에 훨씬 더 많은 지원과 자율권을 제공해야 한다고 나는 굳게 믿는다. 지금껏 하지 못했던 시도를 할 수 있도록 도와주어야 한다. 예를 들면 월급을 인상하여 양질의 교사를 모집하고 수업 시간을 늘리는 등의 시도를 들 수 있다. 부족한 자에게 더 많은 혜택을 제공하는 것이 진정한 평등을 실현하는 길이다.

모든 것은 현장에서 열심히 일하는 교육 종사자들에게 우리가 얼마나 신뢰를 보이느냐에 달려 있다. 그들은 가장 필요한 혁신이 어떤 것인지 연구하고 준비하며 재정을 담당할 최적의 위치에 있는 사람들이다. 나는 특히 새로운 학습법 e-Learning에 관심이 많다. 초등 1학년 과정을 마치고 2학년에 들어서도 여전히 읽는 법을 모르는 아동들이 이 교육법을 통해 뒤처진 학습 능력을 보완할 수 있을 것으로 생각한다. 그런 면에서 학교의 자율권이 보장되어야 하고, 국가 교육의 새로운 모델로 자율성이 자리 잡아야 할 것이다. 학교의 자율성이 확보되는 한편에는 명확한 목적을 가지고 이들 교육 기관에 대한 평가를 수행할 강력하고도 독립적인 기구의 출현 역시 필수적이다. 교육자가 다양한 교육법을 테스트해 보고 학생들에게 적용함으로써 보다 나은 교육을 실현할 수 있도록 교육 현장의 교사들에게 교육의 주도권을 주자는 것이 이 모든 개혁의 핵심이다. 새로운 교육 해법을 실험해 보기 위해 구성된 교사 단체들에 상당한 지원금을 할당하자는 정책에 나는 동의한다. 이 정책은 2017년부터 바로 적용할 수 있을 것이다. 활동 지원을 받는 만큼 교사들은 결과에 대한 보고를 해야 하겠지만, 그들의 시도에 정부는 단단한 신뢰를 보낼 것이다. 그뿐만 아니라 기존과는 전혀 다른 혁신적인 교육기관, 초 · 중등학교의 창설 제안을 가로막는 일은 절대 없을 것이다.

우리가 프랑스의 정신을 되찾고 교육이라는 직업을 국가의 중심에 놓고 관심을 기울일 때 교육 개혁은 반드시 성공할 것이다. 지식을 전달하고 인재를 양성하는 일이 얼마나 국가적으로 막중한 일인지 나는 잘 알고 있으며, 오랫동안 그 중요성에 대해 사람들에게 강조해 왔다. 불행히도 국가와 교육자 사이의 계약 관계에 약간의 분열이 발생했으며 우파 세력은 그 분열을 점점 더 키워왔다. 그렇지만 좌파라고 해서 특별한 해결책을 내놓은 것도 아니었으며 심지어 어떤 측면에서는 이러한 상황을 즐기는 듯하기도 했다. 우리 국민, 특히 가장 취약한 계층의 국민들은 그것을 피부로 느끼고 있다.

교사의 사기 진작을 위해 노력하지 않는다면 우리는 원하는 목표에 도달하지 못할 것이다. 나는 열악한 지역에 내던져질 젊은 교사들과 각종 교육 문제 앞에서 쩔쩔매고 있는 초보 교사들, 그리고 박사학위를 받은 후 강의할 기회를 찾느라 여러 해를 보내고 대학에서 교수직을 얻기 위해 또 수십 년을 기다리고 있는 젊은이들에 대해 관심을 갖고 논의하고 싶다.

이것은 점점 더 늘어만 가는 행정 업무, 학부모들과의 악화되어가는 관계, 물가 인상을 따라잡지 못하는 수입, 더 많이 일해도 수입이 제자리걸음이거나 오히려 줄어드는 상황에 대한 문제이다.

이렇게 말하기에는 용기가 필요하지만, 교사들이 가지는 불만의 뿌리는 사회에 있다기보다는 교육계 자체에 있다. 도처에 쌓인 행정 업무, 복잡한 공동 운영, 위에서부터 내려온 규칙에 대한 복종과 자율권 사이의 경계가 모호한 학교 경영, 끝도 없이 수시로 바뀌는 프로그램, 그리고 학생들을 가장 잘 알고 있는 교사를 놔두고 학생들을 평가하고 미래를 결정해 버리려 드는 교육 당국 프로그램 등의 문제인 것이다.

그렇지만 우리는 할 수 있다. 학교 혁명은 이루어질 것이다. 우리가 그들과 함께할 것이기 때문이다.

09

노동과 삶

노동과 삶

나는 정치가 꼭 국민에게 장밋빛 미래를 약속해야 한다고 생
각하지 않는다. 그런 약속을 믿을 만큼 국민이 어리숙하지도 않
다. 정치가 모든 것을 다할 수 없으며, 모든 문제를 해결하고 통
제하고 개선시킬 수단을 가지고 있지 않다는 사실을 그들은 잘
알고 있다. 행복을 말하기보다는 국민 개개인이 자신의 길을 찾
아가고 자기 운명의 주인이 되며 자유를 누릴 수 있도록 기틀을
마련해 주는 것이 정치의 임무라고 나는 믿는다. 그리고 자신의
삶을 스스로 선택할 수 있도록 해주는 것이 정치가 해야 할 일이
다. 정치가 약속해야 할 것은 바로 이러한 해방의 가치이다. 하
지만 스스로 삶을 선택할 수 있으려면 무엇보다 노동을 통한 수
입으로 생활을 영위할 수 있어야 한다.

일을 함으로써 우리는 생계를 꾸리고, 자녀를 교육시키며, 배우고 타인과 관계를 맺을 수 있기 때문이다. 어려운 환경에서 벗어날 수 있게 해주는 것도, 사회의 일원으로 당당히 자리 잡을 수 있게 해주는 것도 모두 노동이다. 그러므로 나는 '노동의 종말'이라는 말을 믿지 않는다. 일거리는 생산성 뛰어난 기계에 맡겨 놓고 인류의 상당수를 경제적 '무용지물'로 취급하는 이같은 미래 전망은 인류 해방이라는 우리 프랑스의 빛나는 약속을 무참히 깨뜨리는 소리로 들릴 뿐이다. 그러므로 나는 실업 문제 해결은 여전히 우리 정책의 최우선 과제로 남아야 한다고 확신한다. 독일을 비롯하여 우리보다 먼저 실업 문제를 극복한 나라들을 보면, 실업이 해결 불가능한 문제가 아님을 알 수 있다. 방법은 있지만 다만 적용할 용기가 필요할 뿐이다.

나는 완전 고용 상태만이 유일한 답이라고 생각하지 않는다. 완전 고용에 다다른 영국이나 미국의 예가 그것을 증명한다. 브렉시트나 도널드 트럼프 당선은 사회가 평등이라는 가치를 포기하자 사회 전반으로 확산된 좌절감이 표출된 결과이다.

누구나 일할 수 있어야 하고, 각각의 노동에는 그에 합당한 보수와 미래에 대한 발전 가능성이 따라야 한다. 이같은 희망에 우리는 얼마나 가까이 다가가 있는가?

우리의 노동 시장은 모든 면에서 병들어 있다. 실업률은 지속적으로 고공 상태를 유지하고 있다. 경제활동인구 10명 중 1명, 청년 4명 중 1명이 실업자이며 일부 지역에서는 2명 가운데 1명이 실업자이다. 온 나라가 실업 문제로 심한 동요를 겪고 있으며 실업자들의 절망과 분노도 커지고만 있다. 이런 상황이 이슬람 근본주의 확산의 토양이 되고 국민전선당에 대한 투표로 이어지는 것이다. 실업에 대한 공포가 사회 전반에 퍼져 어린 시절부터 우리는 자신이 원하는 것과 다른 공부, 직업, 분야로 잘못된 선택을 하게 된다. 다행히 직업을 구하는 데 성공한 사람이라고 해서 특별히 행복한 것도 아니다. 안정적인 직장생활을 누리는 사람들이 있는 반면 다른 쪽에는 불안정한 계약 조건으로 힘겨워하는 사람들이 수백만 명에 이른다. 때로는 한 회사 직원의 70%가 한 달 이하의 단기 계약직으로 채워지기도 한다. 자신의 근로수입만으로는 생계가 어려운 사람들은 이들만이 아니다. 상당수의 농업 종사자들과 파트타임 근로자들이 그러하다. 그리고 그들 중 대부분은 여성이다.

누구나 자신의 노동으로 생계를 꾸려갈 수 있도록 하는 규정을 마련할 필요가 있다. 2차 세계대전이 끝날 무렵 만들어진 현행 법규로는 오늘날 우리가 직면한 수많은 문제를 해결하기에 충분하지 않다.

현재의 법규는 청년, 저학력자, 취약 계층 등 아웃사이더보다는 비교적 안정적 생활을 하고 있는 직장인, 즉 인사이더에게 더 유리한 경향이 있다. 바로 이런 규정들이 우리 사회를 불공정하고 비효율적으로 만드는 주범이다. 또한, 사회를 경직되고 둔하게 만든다.

무엇보다 중요한 것은 학벌과 상관없이 누구나 일자리를 찾을 수 있어야 한다는 점이다. 직업도 아무런 경력도 없는 청년

이 200만 명에 달한다. 그리고 수백만 명의 근로자들이 학위나 자격증이 없거나 없는 것과 마찬가지이다. 특별한 학위나 자격증이 없더라도 일자리를 구할 수 있도록 제도적 장치를 마련해야 할 것이다. 그렇다고는 해도 우리 사회에 자격증은 여전히 중요하다.

그러므로 바까로레아 수준의 전문 양성 교육을 체계화하고, 기본 자격증 취득 교육에 보다 많은 예산을 집중하며, 취업 계열 교육에 좀 더 비중을 할애하는 등 청년들이 어느 정도 숙련된 기술을 익혀 사회로 나갈 수 있도록 국가가 힘써야 한다.

대부분의 자격증은 해당 분야에서 반드시 필요한 것이다. 건설 분야를 비롯하여 다른 많은 분야에서 자격증은 상당히 중요하다. 하지만 때로는 저학력층이나 빈곤 가정 출신자가 회사를 차리거나 자영업을 시작하고자 할 때 이 자격증이 그들의 발목을 잡기도 한다. 그런데 경우에 따라서는 취업하는 것보다 스스로 사업을 시작하는 것이 더 쉬운 사람들도 존재한다. 파리 지방 빌뢰르반에 사는 주민이라면 직장을 구하기보다는 창업하여 고객을 찾아 나서는 것이 더 쉬운 일일 수 있다. 자격증이라는 규정을 내세워 그들을 막는 것은 그들을 실업으로 내모는 것과 마찬가지임을 알아야 한다.

콜마르시에서 만난 적 있는 미셸이라는 남자가 기억난다. 국가공인 직업 자격증CAP 없이 30여 년을 자동차 회사에서 근무한 뒤 퇴직한 50세의 그 남성은 그 후 일자리를 구하지 못했다. 나이가 많기 때문이었다. 게다가 그는 자격증이 없어서 창업도 할 수 없었다. 과연 그에게 국가공인 자격증을 딸만 한 돈과 시간이 있었을까? 결과적으로 우리 사회가 그를 장기 실업자 신세로 몰아넣은 것이다.

청년 중에서도 특히 비숙련 청년 근로자에게 최대의 적은 낮은 임금이다. 청년 최저임금제 SMIC jeunes 도입은 좋은 접근 방법이 아니라고 나는 생각한다. 청년 임금 문제는 보다 냉철한 자세로 다루어야 할 문제이다. 나는 견습 프로그램 지원을 강화해야 한다고 주장한다. 견습공은 임금이 낮지만 숙련 노동자가 되기 위한 교육을 받을 수 있기 때문에 이후 사회에 진출하여 직업을 구할 때 큰 도움이 될 것이다. 견습 시스템에 썬 규제 빗장을 풀어주고 프로그램 운영에 대한 통제를 완화하며 직업교육 비중을 좀 더 높이는 방향으로 정책을 펴야 한다고 나는 생각한다.

위에 언급한 임금 문제 이외에도 근로계약 파기로 인한 비용 문제가 있다. 현재의 근로 분쟁 조정 절차는 너무 길고 복잡하며 불투명하다. 대기업은 시간이 걸려도 아쉬울 것이 없으며 복잡한 분쟁을 대신 해결해 줄 법률가 부대를 거느리고 있으므로 별다른 피해를 입지 않는다. 문제는 비숙련 고용 노동자들이다. 일자리를 잃은 후 자신이 입은 손해와 그 이자 비용까지 되돌려받기 위해 분쟁 조정 절차가 끝날 때까지 여러 달 혹은 여러 해를 기다려야 하는 그들에게 이 시간은 너무 고통스럽다. 그리고 직원이 한두 명에 불과하면서도 판결이 날 때까지 고용을 거부하는 소자본 고용주도 힘들기는 마찬가지이다. 내가 근로 분쟁 조정 절차를 개혁하기 위해 싸워온 것은 위와 같은 이유 때문이며 나의 노력은 앞으로도 계속될 것이다. 근로 분쟁으로 인한 손해와 그에 따르는 이자 비용에 대해 상한선과 하한선을 두려는 것도 바로 그 일환이다.

동시에 노동자들이 노력한 만큼 정당한 생활 수준을 누릴 수 있도록 국가와 정치인이 나서야 한다. 이것은 단순히 구매력 증대의 문제가 아니다. 이는 인간의 존엄성과 노동에 대한 존중의 문제이다. 지금 우리 농업인들이 어떤 삶을 살고 있는지 보라. 직장인들은 또 어떤가? 그들은 열심히 일한 대가가 너무 적다고 느끼고 있다. 그러나 정치인들의 무분별한 임금 인상 구호는 너무나 무책임하고 잘못된 약속이다. 그러한 약속은 기업을 힘들게 하여 근로자들을 위기로 몰아넣고 종국에는 실업을 양산시킬 뿐이다.

우리는 현재 근로자의 구매력 증대를 위해 힘겨운 싸움을 벌이고 있다. 그런데 현행 사회보장제도가 근로 소득에서 징수된 수입에 기반하여 운영되고 있는 점이 문제이다. 근로자들은 자신의 노력에 비해 턱없이 낮은 봉급을 받고 있다고 생각하고 있는데 기업은 기업대로 높은 인건비로 힘들다고 불평하니 국민들의 눈에 이해할 수 없는 현상으로 비칠 수밖에 없을 것이다. 이러한 상호 입장 차이의 원인 중 하나가 바로 사회복지를 위한 근로소득원천징수에서 비롯된 것이다.

그러므로 나는 봉급 근로자와 독립 자영업자의 사회보장 분담금 인하를 제안한다. 이렇게 되면 근로자의 순수입이 현저히 인상되는 효과를 낳으면서도 기업에 인건비 부담을 가중시키지 않아도 되므로 경쟁력 저하나 고용 위기를 초래하지 않을 것이다.

극빈자 지원을 위한 복지수당 정책 역시 개혁이 필요하다. 복지수당 대상자가 취업하자마자 바로 수당 지급을 거둬들이는 것은 옳지 않다. 우리 정책의 목표는 그들이 일터로 돌아갈 수 있도록 근로 의욕을 북돋아 주고 극빈층 노동자의 수입을 지원해 주는 것인데 유감스럽게도 현재 국가가 하고 있는 모습은 정반대이다.

자신의 근로 대가만으로 삶을 영위할 수 있도록 한다는 것은 결국 노동자에게 변화에 대처할 수 있는 능력을 길러 주는 것과 같다. 입법부가 모든 것을 예측할 수는 없다. 농업, 명품 산업, 수공업, 정보산업 분야 종사자들이 변화 앞에서 모두 똑같은 반응을 보이지는 않을 것이다. 그렇다고는 해도 노동 분야에 관한 한 우리는 법으로 할 수 있는 모든 노력을 계속해 나갈 것이다.

지금 우리에게 필요한 것은 과거 그 어느 때보다도 높은 수준의 민첩성과 유연성이다. 이것은 우리 개정 노동법이 담아내야 할 중요한 과제이다.

지식, 속도, 혁신 경제 시대에서 성공하려면 조직의 적응력이 필수적이다. 변화 적응에 대한 확신이 부족하고 불안할 때 기업주는 직원 고용을 꺼리거나, 하더라도 적은 인원만 고용할 것이다. 경제 동향이나 해당 산업 분야의 특수성을 고려하여 근로자와 최상의 사회적 타협을 거두려면 지금보다 더 개방적인 대화와 협상이 필요하다.

그런데 프랑스의 노동 관련 규정은 지나치게 방대하고 경직되어 있다. 모든 규정이 법률로 명시되어 있기 때문에 모든 업체, 모든 산업 분야에 동일하게 적용된다. 이는 참으로 말도 안 되는 일이다.

우리는 이미 주당 근무 시간 35시간 적용을 통해 그런 획일적 접근법이 어떤 결과를 낳았는지 목격했다. 근로 시간을 다시 35시간에서 39시간으로 늘려야 한다고 주장하는 사람들은, 그러면 이제 모든 사람이 4시간을 추가로 더 근무하면서도 일체의 임금 인상은 없을 것이라고 말할 것인가? 이런 주장 역시 말도 안 되는 것이다. 어떤 기업은 35시간 근무만으로 충분할 것이다. 하지만 또 어떤 기업은 35시간만으로는 부족할 수 있다. 주문량을 맞추기 위해 근무 시간을 더 늘리건, 직원 해고를 막기 위해 근무 시간을 줄이건 노사 양측이 협상를 통해 결정하는 것이 타당하지 법률로 강제할 일은 아니다.

자동차 업체나 선박 건조업체 등 대기업이 법이 허용하는 테두리 내에서 근로 시간을 늘림으로써 수천 명의 일자리를 지킬 수 있었다. 처음에 이데올로기에 매몰되어 이같은 개혁과 협상에 반대하고 나섰던 전국 규모 노조는 결국 기업 내 노사 당사자 간 협의를 승인하였다. 나는 여객선 주문 및 건조 조인식에 주무 장관의 자격으로 참석하기 위해 생 나재르에 간 적이 있다. 그런데 이 조선업체는 18개월 전에 문을 닫을 수밖에 없는 처지에 놓여 있었던 곳이다. 하지만 노사 양측은 수개월에 걸친 부분 실업을 감수하는 타협안을 마련했고, 그들의 집단지성은 결국 회사를 살려낼 수 있었다. 노사의 이같은 노력과 국고 지원으로 마침내 이 조선업체는 기사회생하여 위기 이후 첫 번째 수주를 받으면서 힘차게 재출발하기에 이르렀다. 현재 이 업체는 전례 없는 호황을 누리며 10년 치 주문을 받아 놓은 상태다. 바로 이것이 우리가 좌절하여 손 놓고 운명론에 내맡겨서는 안 되는 증거가 아니겠는가?

고난도 업무 기간을 점수로 환산하여 다양한 방식으로 되돌려주거나 보상해 주는 '시간계산제도Compte pénibilité' 신설 정책의 경우에도 그 기본 원칙은 좋지만 이 역시 모든 분야에 똑같이 적용하기는 어렵다. 자동차 생산업체 같은 대기업에서는 이 정책 적용이 별 무리 없이 가능하고 직원들 입장에서도 상당한 개선 효과가 기대되는 정책이다. 하지만 소규모 건설회사나 제빵업체의 경우 이 새로운 개혁 정책을 적용하기란 사실상 불가능에 가깝다. 그들의 기업 활동을 복잡하게 만들고 직원 고용에도 커다란 부담을 주게 될 것이다.

그러므로 법이 모든 사람을 위해 모든 상황과 모든 일을 다 예측하고 다루어야 한다는 순진한 생각에서 벗어나야 한다.

나는 우리 노동법의 뼈대를 근본적으로 개혁하는 데 찬성하며, 어떤 문제건 기업 내 다수가 합의한 협약에 따라 산별 협약이나 기업 합의안이 법률을 벗어나 적용될 수 있도록 허용하는 내용에 찬성한다.

국가 노동법은 남녀평등, 노동 시간, 최저임금 등 타협의 여지

없는 기본적 대원칙만을 명시하도록 하자. 그외 관련된 문제나 보조 조항 결정 책임은 산별 노조 협의나 기업별 논의 대상으로 넘겨 주자. 집단지성에 대한 신뢰를 통해 노동 현장의 현실에 보다 적합하도록 법률을 단순하고 명확하게 정리할 수 있을 것이다. 오늘날 우리는 모든 시민이 투표를 통해 자신의 의견을 정당하게 표명할 권리를 인정하고 있다. 그렇다면 자신의 일상과 관련된 문제에 의사를 표명하는 일이 적절치 못하다고 할 수는 없지 않을까?

나는 근로자의 권리를 일방적으로 축소하면서 미래의 번영을 기대할 수 있으리라고는 절대 믿지 않는다. 하지만 경직되고 때로 시대에 뒤떨어진 규정을 가지고 지금과 같은 글로벌 시대에 성공하기는 더더욱 어렵다고 생각한다.

이런 생각과 접근 방법이 야기하게 될 우려에 대해 나는 물론 잘 알고 있다. 독일이나 북유럽의 시스템과는 반대로 프랑스 시스템은 이런 종류의 토론과 협상, 타협에 익숙하지 않다. 우리의 노조는 때로는 너무 약하고 때로는 조합원들을 제대로 대변하지 못하는 것이 사실이다. 그러나 노사 대화는 반드시 필요하며 내 제안의 핵심이기도 하다. 그렇지만 지난 수년간 보아 왔던 전국 단위 노사 대화를 말하는 것이 아니라 산별 혹은 기업 단위의 실용적 대화를 의미한다. 그리고 대화를 통해 결론을 끌어내야 한다. 효과적인 노사 대화를 위해 노조에게 수단과 정당성을 부여할 필요가 있다. 이런 방향으로 개혁을 실행하기 위해 보다 명확한 재원 마련 장치를 구축할 계획이다. 그럼으로써 근로자가 자신이 선택한 노조로 회사를 통해 자금을 보낼 수 있도록 하려고 한다.

변화의 시대에 자신의 경제 활동을 통해 안정적 삶을 유지할 수 있으려면 평생 끊임없이 공부해야 한다. 어떤 기업이든, 그리고 어떤 분야이든 영원히 계속될 수는 없으며, 저무는 속도도 언제나 우리의 예상보다 빠르다. 그렇다고 해서 그것이 그곳에 종사하는 근로자들마저 함께 가라앉거나 실업과 불안정한 삶의 나락으로 떨어질 것이라는 의미는 아니다. 왜냐하면, 그 반대편에는 언제나 새로운 직업, 새로운 일자리의 기회가 계속해서 열리기 때문이다. 이 새로운 기회를 그들이 붙잡을 수 있도록 지원해 주어야 한다. 지금 스무 살인 청년이 30년 후 어떤 일을 하며 살게 될지 더 이상 예측할 수 없는 시대에 우리는 살고 있다. 고용에 대한 불안에서 벗어나 일하는 기쁨을 누리며 살아갈 수 있으려면 우리의 평생교육 시스템을 재정비할 필요가 있다. 스무 살에 받은 한 번의 교육으로 평생 먹고 살 수 있는 시대는 지나갔기 때문이다.

기술 발전으로 우리가 알고 있는 직업들이 하나하나 한물간 일자리로 변해갈 이 마당에 '안전한 일자리'를 약속할 수는 없다. 끊임없이 변하는 세상이다. 어떤 직업이 앞으로도 계속 전망이 밝고 생산성 높은 일자리가 될 것이라는 보장은 있을 수 없다. 왜냐하면, 불가능한 일이기 때문이다. 그런 약속을 하는 사람이 있다면 그는 틀림없이 무책임한 위선자일 것이다.

그러나 우리가 약속할 수 있는 두 가지가 있다. 하나의 일자리를 더 나은 일자리로 발전시킬 수 있다는 것과 실업의 공포로부터 사람들을 보호할 수 있다는 것이다. 위기를 극복하기 위해 서로 돕는 연대 의식이 가장 높게 발휘되는 때가 바로 지금과 같은 과도기이다.

한 회사, 한 업종에서 평생을 일하는 사람들이 점차 줄어들고 있다. 따라서 앞으로 우리는 재교육을 통한 능력 개발 기간이 점점 더 필요해 질 것이다.

그런데 현재의 평생교육 시스템은 이러한 필요성에 제대로 부응하지 못하는 듯하다. 프랑스에서는 매년 300억 유로 이상을 직업교육에 쏟아붓고 있으나 실질적으로 이런 교육이 가장 절실히 필요한 계층이 오히려 가장 도움을 받지 못하는 것이 현실이다. 프랑스의 교육 시스템은 너무 복잡한 것이 문제다. 교육 지원금을 받으려면 어떤 때에는 회사에, 어떤 때에는 지방 정부에, 그리고 때에 따라서는 국가가 운영하는 고용복지센터 Pôle Emploi 에 문의해야 한다. 이 과정에 소요되는 시간이 1년까지 걸리기도 하며, 따라서 중도에 포기하는 사람들이 부지기수다. 게다가 교육의 수준도 기대에 못 미치는 경우가 흔하다. 특히나 이 제도는 주로 안정적인 직업을 가지고 있으며 교육 수준도 높은 사람들에게 더 유리하게 만들어져 있다.

따라서 평생교육 시스템에 대한 의미 있는 수준의 대대적 개선이 필요하다. 교육 수혜자 개인에게 개별화된 맞춤 프로그램과 적성 평가를 함께 제공함과 동시에 엄격한 출결 및 성실 의무 조항도 함께 부과함으로써 프로그램의 내실을 기해야 할 것이다. 또한, 꼭 필요한 기술 습득을 위한 몇 주 기간의 단기 교육에서부터 완전히 새로운 분야로의 진로 변경이 가능한 1~2년 단위 장기 교육예를 들면 대학 강의 수강 등에 이르기까지 다양한 선택지를 제공하고 교육 대상이 스스로 선택할 수 있도록 해야 한다. 그러려면 시스템이 더 투명해져야 한다. 제대로 된 평가 시스템으로 정확한 성적표가 나와야 재취업이나 봉급 인상에도 도움이 될 것이다. 특히 차별 없이 누구나 재교육에 필요한 자금을 지원받을 수 있어야 하며 중재자 없이 교육기관과 직접 접촉할 수 있어야 할 것이다.

현직에 있으나 미래의 전망이 불투명하여 근심하거나 열악한 근무 환경으로 힘들어하는 직장인들에게도 평생교육 기회의 문을 개방해야 한다. 따라서 해고된 사람뿐 아니라 스스로 사퇴하고 회사를 나온 사람들에게도 실업수당을 지급하여 그들이 재취업을 위한 직업교육을 받을 수 있도록 지원해야 할 것이다. 그런 측면에서 실업수당의 성격을 바꿀 필요가 있다. 지금과 같은 보험이 아니라 직업 전환 및 재교육 기간을 위한 단체 기금, 즉 보편적 직업 전환권으로 바꾸는 것이다.

특히 임금 노동자와 자영 근로자 사이의 차이가 모호해지는 새로운 서비스 경제하에서 실업연금은 자영업자, 상인, 수공업자에게도 개방되어야 한다. 이들이야말로 경제 환경이 급변하는 시기에 가장 먼저 타격을 입는 사람들이다. 또한, 우리 사회 시스템에 의해 가장 덜 보호받는 사람들이기도 하다. 우리가 반드시 개선해야 할, 어찌보면 잔인하기까지 한 역설적 현실인 것이다.

한편 일부 정치 지도자들이 주장하는 실업수당 삭감제에는 절대 동의할 수 없다. 그들은 기존의 수당에서 얼마를 삭감하자, 몇 개월 치를 빼자 하는 주장을 한다. 그들의 말은 결국 사회 변화는 신경 쓸 문제가 아니고, 일자리 이동은 각자 알아서 할 일이며, 실업은 근로자 개인의 잘못으로 빚어진 일이라는 뜻을 담고 있다. 하지만 나는 오히려 대규모 공공 투자가 필요하다고 생각한다. 그리고 이 투자는 직업, 기능 교육에 쓰여야 하며 출결에 대한 엄격한 관리와 직업교육 평가하에 교육 대상자의 책임감을 요구해야 한다.

이런 개혁 작업 전체가 국가 시스템에 종속되어 국영화될 필요는 없다. 국가는 재정 지원을 하고, 제대로 운영되도록 책임을 맡으면 된다. 그리고 능력 평가에 대한 부분은 대부분 민간 기관에 위임하고 교육은 지방정부와 대학, 학교, 견습 센터 등에 맡기는 것이 바람직하다. 국가는 이들 기관 평가 임무를 담당하면 될 것이다. 정부는 이들 기관에 대한 감독과 교육에 대한 요구 조건을 강화함으로써 재원이 적절히 사용될 수 있도록 하면 된다. 내가 바라는 것은 권리와 의무를 강화한 시스템을 마련하는 것이다. 내용은 간단하다. 취업을 위한 어떠한 교육도 받지 않은 채 실업 상태가 일정 기간 이상 지나게 되면 실업수당도 사라지는 것이다. 그리고 교육을 받았으되 적절한 일자리 제안이 들어

왔음에도 거부한다면 이 역시 수당 수급에서 제외될 것이다. 이
것이 재원을 공정하고 효율적으로 사용할 수 있는 유일한 방법
이다. 이 제도는 우리 경제를 다시 일으킬 강력한 원동력이 될
수 있을 것이다.

그러나 노동으로 생계를 꾸릴 수 있게 되는 것만으로는 삶을
선택하는 기준으로 충분하지 않다. 우리의 사회보장 시스템 전
반에 대한 재정비가 필요하다. 그 출발은 매우 단순한 생각에서
출발한다. 덜 가진 자에게 보다 많이 준다는 것이 바로 그것이다.

10

저소득층에게
더 많은 지원을

저소득층에게 더 많은 지원을

어지러울 정도로 빠르게 변해가는 세상에서 프랑스 국민은 과거 어느 때보다 더 많은 위험을 감수하면서 동시에 혁신을 추진해야 할 상황에 처해 있다. 교육 분야도 예외가 아니다. 그런데 이같은 변화는 새로운 불평등을 야기하기도 한다. 한쪽에는 세계를 향해 국가의 문호를 개방함으로써 이득을 얻는 사람들이 있다. 그들은 고등교육을 받았으며 경제적 문화적으로 풍요를 누리는 사람들이다. 그런가 하면 반대편에는 경제적 빈곤과 극도로 취약한 환경에 노출된 사람들이 있다. 그들의 삶은 국내 경제 상황과 직결되어 있으며 치열한 경쟁과 기술 혁명, 사회적 불안정, 실업, 건강 악화 및 공공 서비스 후퇴로 인한 타격을 가장 크게 받는다.

왜 우리 프랑스가 그토록 평등에 집착하는지 이해되는 측면도 있다. 평등에 대한 프랑스의 강한 집착은 서구의 여러 나라, 특히 영국 및 북미 국가들과 우리를 구분하는 큰 특징이다. 우리는 경제 성장 레이스와 개인주의라는 제단에 모든 것을 바칠 생각이 없다. 그 결과 우리가 추구하는 자유는 사회연대적 자율성이라는 독특한 형식을 띠게 되었다.

선택의 자유가 있는 사회, 다시 말해 모든 종류의 강제적 규제와 낡은 조직으로부터 자유로우며 개인의 삶을 스스로 결정할 수 있는 사회가 좋은 사회라고 나는 믿는다. 그러나 구성원 사이에 연대감이 없다면 이 사회는 해체되고 배척당하며 폭력으로 얼룩지게 될 것이다. 자신의 삶을 선택할 자유는 기득권자들만 향유하게 될 것이며 약자는 소외될 것이다.

그러므로 새로운 제도와 안전 장치를 모색해야만 한다. 즉 새로운 불평등에 대한 해결책을 찾아내야 한다는 것이다.

내가 생각하는 해답은 간단하다. 누구에게나 똑같이 적용되는 권리와 기회, 규칙, 사회적 지원은 더 이상 공평함을 의미하지 않는다. 오히려 그 반대이다. 사람들에게 모든 것을 똑같이 적용하는 것이 아니라 각각의 사람들에게 그들이 필요로 하는 것을 제공하자는 것이 나의 생각이다. 이것은 사회연대의 포기가 아니라 쇄신이다. 삶의 방식과 여건이 나날이 다양해져 가는 이때 획일적인 접근 방식은 더 이상 통하지 않는다. 과거의 방식을 계속 고집하다가는 불평등을 해소하기는커녕 오히려 더 악화시키는 결과만 낳을 것이다.

가장 먼저 해야 할 것은 국가 역할에 대한 근본적인 수정이다. 국가는 진정한 의미의 '사회적 투자자'가 되어야 한다. 그래서 국민 개개인을 그들이 처한 현재의 상태로 판단하지 말고 그들의 잠재력과 미래의 사회 기여 능력에 따라 평가해야 한다.

사회안전망만을 제공하는 데 만족해서는 안 된다. 그것은 최소한의 장치일 뿐이다. 각자가 처한 상황에 따라 자신의 재능을 펼치고 인간으로서의 가치와 본성을 표현할 수 있도록 도와주는 일이 국가가 해야 할 일이다. 취약 계층에게는 재정 지원 외에도 그들이 사회에서 당당히 자리매김할 수 있도록 도와줄 대책이 필요하다. 그들이 인종적 종교적 차별의 희생자인 것 또한 사실이다. 단순히 법률적 해법만을 찾을 것이 아니라 보다 실효성 있는 현실적 대책 마련을 위해 싸워야 한다.

그런 다음 지금까지와는 다른 새로운 접근 방법을 모색해야 한다. 무엇보다 저비용 고효율 실현을 위해 국가의 사전 개입이 필요하다. 이는 적극적 예방 정책이 요구되는 보건 분야에서 특히 중요하다.

마지막 단계는 법률의 보편적 적용이다. 실업이나 은퇴의 어려움을 겪고 있는 사람들에게 이는 특히 중요하다. 약자를 위한 제도가 오히려 장애물이나 차별로 작용할 수도 있기 때문이다.

모든 사람은 동일한 법률적 혜택을 받을 수 있어야 한다.

일상생활에 기본적으로 지출되는 비용을 제외하고 하루에 쓸 수 있는 돈이 10유로한화 약 13,000원가 채 안 되는 빈곤층이 프랑스에 거의 900만 명 가까이 된다. 그들에게 가난은 위험이 아니라 현실이다. 불안정한 삶의 악순환이 계속될 것이라는 두려움은 이제 수많은 프랑스 국민들에게 일상이 되어 버렸다.

빈곤 문제에 대한 정치권의 입장은 전통적으로 양대 진영으로 나뉜 채 확고한 차이를 보인다. 최저 생계 지원 제도의 수혜자 대부분은 빈민층이기 때문에, 이런 제도로는 극빈층의 삶을 더욱 힘들게 할 뿐 아니라 그들을 부끄럽게 만들 뿐이라는 것이 일부 우파의 논리이다. 이에 반해 일부 좌파 정치인들은 약간의 수당을 지급하는 것으로 충분하다고 말한다. 그 수당을 받는 극빈자들에 대한 진심 어린 걱정은 없는 듯하다. 나는 양측 모두의 접근 방식에 반대한다. 그들은 프랑스 사회에 또 다른 대립만을 낳을 뿐이다.

그런가 하면 양쪽 진영 모두에서 조금씩 지지를 받고 있는 또 다른 의견이 있다. 바로 '기본소득' 보장 제도이다. 재산 상태나 기타 어떠한 요구 조건을 따지지 않고 모든 국민에게 생계 보장을 위한 소득을 제공하자는 것이 그 내용이다. 상당히 매력적인 제안이긴 하지만 나는 이 제안에도 역시 동의하지 않는다. 우선 비용 마련 문제가 걸린다. 기본소득 금액을 낮추면 빈곤으로 야기되는 문제들을 해결할 수 없을 뿐 아니라 나아가 극빈층의 상황을 더욱 악화시키게 될 뿐이다. 그렇다고 그 액수를 높여 잡게 될 경우 중산층의 세금 부담이 지나치게 높아질 것이다. 하지만 재정 문제보다 좀 더 근본적인 문제가 있다. 나는 노동이야말로 가치 있는 일이며, 인간 해방의 필요 조건이고 사회의 계층 이동

수단이라고 믿는다. 그리고 남이 주는 변변찮은 지원금만 축내며 미래에 대한 희망도 없이 사회의 주변부로 살아가도록 태어날 때부터 정해진 사람은 이 세상에 없다는 사실 또한 믿는다.

취약 계층에 대한 연대 의식, 지원과 배려가 필요하다는 것은 분명하다.

저소득층이 마땅히 누릴 권리가 있는 지원 시스템의 혜택을 손쉽게 받을 수 있도록 우리의 연대 의식을 발휘해야 한다. 실제로 적극적 연대 수당Revenu de solidarité active 대상의 1/3이 이 혜택을 누리지 못하고 있다. 그 이유가 무엇일까? 어떤 이들은 알지 못해서, 또 어떤 이들은 알면서도 지원을 거부하기 때문이다.

사회적 약자를 인격체로 인정하고 존중하며 가능한 한 그들이 사회 구성원으로서 사회 활동에 참여할 수 있도록 도와주는데 필요한 것이 배려다. 그런데 이 배려심은 사람에 따라 다르게 적용되어야 한다.

우선 부당하게 혜택을 노리는 사기꾼물론 그런 사람들은 소수에 불과하지만 존재하는 것은 틀림없는 사실이다에 대해서는 철저하고 가차 없는 제재가 필요하다. 왜냐하면, 그들의 행위는 사회에 끼치는 재정 부담을 넘어 사회적 지원에 반대하는 목소리를 강화시킬 뿐만 아니라 정당하게 지원받는 사람들을 의심받게 만드는 등 우리 사회 결속에 꼭 필요한 연대 의식을 갉아먹는 파렴치한 행위이기 때문이다. 사회보장제도를 악용하는 사회적 기만 행위와 탈세는 사회 구성원의 신뢰를 좀먹는다.

다음으로는 노동력을 가진 사람들이 서서히 일터로 돌아갈 수 있도록 개별적으로 꼼꼼하게 도와주어야 한다. 다른 많은 분야와 마찬가지로 이 분야에 있어서도 사회 혁신 첨병 부대인 사회 연대 기업의 노하우가 필수적이며 더욱 확대될 필요가 있다. 새롭게 마련될 대대적 재조정 플랜은 앞서 언급한 바 있는 직업교육 개혁의 일환으로서, 지난 20여 년간 실시되어 왔던 이윤 중심 플랜과의 단절을 선언하고 대상자에게 실질적 도움이 되는 방향으로 추진되어야 할 것이다.

끝으로 노동시장에서 장기적으로 배제되어 다시 일자리를 찾는 것이 현실적으로 어려운 사람들이 있음을 인정하고 이해해야 한다. 그들 중에는 장애인도 있고 정상적인 노동이 불가능한 사람, 극도로 심각한 인생의 역경을 겪는 이도 있다. 그들을 방치된 채 남겨두어선 안 될 것이다. 사회에 도움이 되면서도 스스로 보람을 느낄 수 있는 활동을 제공함으로써 그들이 사회의 당당한 일원으로 자리 잡고 인간으로서의 존엄성을 지킬 수 있도록 도와줄 의무가 우리에게 있다. 아주 오랫동안 우리는 궁핍에 허덕이는 사람들에게 돈 몇 푼 쥐여주는 것으로 우리의 할 일을 다 했다고 생각해 왔지만 그것은 잘못된 생각이다. 금전적 지원 그 이상의 노력을 해야만 한다.

빈곤 퇴치 정책 수립 과정에 직접 대상자들을 참여시켜 함께 논의해 가면서 진행한다면 그 자체로 배려의 의미가 있을 뿐 아니라 정책의 실효성 면에서도 확실한 성과를 기대할 수 있을 것이다.

차별에 맞서고자 하는 우리의 노력은 약자에 대한 지원을 통해 더욱 공고해진다. 성별, 출신, 성 정체성, 사상, 장애 혹은 건강 상태 등 다양한 이유로 자행되는 차별은 절대 용납되어선 안 된다. 왜냐하면, 이는 바로 우리 자신에 대한 공격이기 때문이다. 더구나 각종 차별 행위로 우리 사회가 치러야 할 사회 경제적 비용도 상당하다.

우리 사회에서 목격되는 첫 번째 차별은 우리 국민 절반을 상대로 매일 일상적으로 자행되는, 바로 여성에 대한 차별이다. 오늘날 프랑스에서는 자신이 여성인가 혹은 남성인가에 따라 실생활에 커다란 차이가 존재한다. 노동시장의 현실이 그 대표적인 예다. 조사 결과 여성의 근로 시간이 남성에 비해 짧은 것으로 나타났는데 문제는 자발적 결과가 아니라는 점이다. 시간제 근무자의 78%가 여성이며 게다가 여성은 임금 수준에서도 차별을 받는다. 같은 시간, 동일한 업무에 대해 여성의 임금이 10% 더 낮은 것으로 드러났다. 여성 경영인 비율도 낮다. 40대 기업 가운데 여성이 사장으로 있는 곳은 세 곳에 불과하다 결과적으로 나머지 37개 기업의 대표는 남성이다. 창업에서도 차이가 있다. 전체 창업에서 여성에 의한 창업이 차지하는 비율은 30%밖에 되지 않는다. 더욱 암울한 점은 여성들이 교통수단, 일터, 길거리 등에서 은밀하고도 견디기 어려운 형태의 희롱을 겪는 등 위험한 상황에 노출되어 있다는 사실이다. 지난 해 여름 앙 마르슈! 프랑스의 한 집권당. 지금은 '레퓌블리크 앙 마르슈'로 이름이 바뀌었다 - 역주 의 자원 봉사자들이 조직한 여론조사 단체 라 그랑드 마르슈 La Grande Marche 의 설문조사 당시 질문을 받은 여성의 상당수가 이 문제에 대해 언급했음을 주목해야 한다.

두 번째는 출신과 관련된 차별이다. 오랫동안 우리는 반인종주의 정신 무장만으로도 피부색, 종교, 출신지를 이유로 사람을 괴롭히는 불의에 충분히 맞설 수 있다고 여겨 왔으며 이러한 생각은 1980년대에 들어 특히 강했다. 하지만 이러한 반인종주의에는 한계가 있다. 지나치게 도덕적 이상주의로 치우친 데다 점차 심해지는 사회의 긴장을 해소하기에도 역부족이었던 것이다. 인종적, 종교적 소수자들의 삶은 거의 개선되지 않았다. 불의에 대한 거부만으로는 충분하지 않으며 이제 우리에게 필요한 것은 행동이다.

공공연한 인종주의도 물론 용납할 수 없지만, 어떤 차별은 좀 더 은밀하게 이루어지고 있고 어쩌면 그래서 더욱 파괴적이기도 하다. 모욕이나 빈정거림에 대해서는 저항할 수 있지만 아무리 보내도 대답 없는 이력서나 모든 이에게 열려 있는 승진 기회에 자신만은 예외가 된 현실 앞에서 도대체 무엇을 할 수 있단 말인가? 그 앞에서 사람들은 그저 무력함을 느낄 뿐이다. 혼자서는 아무것도 할 수 없다. 최근의 조사에 따르면 이슬람교도로 의심되는 구직자에게는 고용주의 회신율이 가톨릭교도로 보이는 사람의 25%에 불과한 것으로 드러났다. 이런 식의 차별에 대해 정부는 관리 감독을 더욱 강화하고 체계화하여 부당한 행위를 일삼을 경우 적발되어 처벌받게 될 것이라는 사실을 고용주가 깨닫게 해야 한다. 이 문제 해결에 국가와 정부는 모든 노력을 다해야 할 것이다. 어떤 종류의 차별도 겪어본 적이 없는 사람들을 포함하여 모든 국민 개개인이 차별을 바로 자신의 문제라고 여길 때 비로소 결실을 얻을 수 있다고 믿는다.

여성, 인종 및 종교 소수자, 장애인에 대한 차별을 보면 차별의 유형이 얼마나 다양한지 알 수 있다. 법률로 명시된 차별의 종류에는 20가지 이상이 있다. 각각의 차별에 대해 법률을 재정비하여 실제 적용할 수 있도록 우리 모두가 힘써야 한다. 법률은 확실히 효과가 있다. 일례로 CAC 40 프랑스 증권거래소 상장 40개 우량주식 기업의 이사회 내 여성의 비율을 상향하도록 법률로 정하자 2009년에서 2015년 사이 그 숫자가 세 배나 증가했다.

그렇다고 해도 법으로 모든 차별 문제를 해결할 수는 없다. 차별을 막을 수 있는 적극적인 정책 마련이 병행되어야 한다. 나는 테스팅 testing 정책 도입에 찬성한다. 테스팅 정책은 성별, 출신, 종교 등이 동일한 수백 장의 이력서를 기업에 발송한 후 어떤 사람이 다른 사람보다 부당한 처우를 받는지, 즉 기업으로부터 회신을 덜 받는지를 확인하는 방법으로 상당히 효과가 있을 것이다.

빈곤층을 위해 더 많은 노력을 하고 약자를 보호하는 방법은 효과적인 질병 예방책이기도 하다. 왜냐하면, 뿌리 깊은 부당한 관행은 보건 분야에도 해당되기 때문이다.

우리는 종종 세계 제1의 보건 시스템 운영 국가임을 내세우곤 한다. 그러나 깊이 들여다보면 현실은 좀 다르다. 우리에게는 세계 최고 수준의 연구원, 병원, 전문 의료진들이 있지만 프랑스 보건 부문은 생각만큼 뛰어나지 않을 뿐 아니라 무엇보다도 상당히 불공평하다.

질병의 예방이 무엇보다 중요한 병리학_{암, 경변증 등}에서 프랑스는 형편없는 성적을 거두고 있으며 이러한 질병의 가장 큰 희생자가 빈곤층이라는 사실을 우리는 종종 간과한다. 무수한 사례 중 두 가지만 들어보겠다. 농부의 자녀들은 도시 기업 간부의 자녀들보다 충치가 5배 더 많다. 그리고 육체 노동자의 자녀는 기업 간부의 자녀보다 비만율이 3배나 높다.

이 문제에 있어서 병원 진료와 병원 외 진료를 서로 저울질하며 어느 쪽이 더 나은가 비교하는 것은 해결책이 될 수 없다. 오히려 반대로 가능하다면 상호 보완성과 파트너 관계를 장려하는 것이 타당하다고 생각한다. 보건 의료 문제가 수십억 예산이 든다거나 혹은 사회복지 예산의 적자 요인이라고도 생각하지 않는다. 진료비를 2~3유로 더 인상해야 할 것인가 아니가가 중요한 쟁점도 아니다.

안타깝게도 우리는 여전히 지엽적인 문제에만 신경을 쏟고 있다.

근본적인 문제는 다른 곳에 있다. 예방의학 정책이 우리의 의료보건 정책의 중심이 될 수 있도록 우리 조직을 재정비하기 위해 그 방법을 모색해야 하는 것이다. 노년기에 접어들어도 인간으로서의 존엄성을 지켜가며 가능한 오래도록 타인에 의존하지 않고 독립적으로 삶을 영위할 수 있는 방법과 수단을 연구해야 한다. 그리고 흡연으로 인한 사망이 한 해 7만 3,000명, 음주 사망이 5만 명에 이르는 현재의 상황이 더 이상 반복되지 않도록 막아야만 한다.

근본적 개혁이 이 분야에서도 필요하다. 그러려면 질병 예방을 위한 의료 행위에 우선순위를 두어야 한다. 무슨 말인가 하면, 행정 업무는 의사가 아닌 다른 사람에게 맡겨야 하며, 그 업무를 담당할 새로운 직책을 만들어야 한다는 것이다. 또한, 의료 수익 모델에도 개선이 필요하다. 의료 행위에 대한 수입만이 의사의 유일한 소득이어야 할 필요가 있을까? 새로운 종류의 계약 유형이 가능할 수도 있으며, 어린이와 고령의 노인 등 건강에 취약한 사람들을 위한 패키지 이용권 같은 것을 개발할 수도 있을 것이다. 이때 참여 여부는 개업의사 개인의 자유의사에 맡기는 방식으로 해야 할 것이다.

의료비 지출에 대해 우리는 높은 수준의 연대 의식을 유지할 필요가 있다. 영리하게 진척해야 한다. 정해진 방식으로 매년 조금씩 수정해 나가는 것으로는 부족하다. 케어 시스템을 지금과 같은 1년 단위 단기적 예산 지원이 아닌 수년에 걸친 지원 방식으로 개혁해야 한다. 그렇게 해야만 근본적 개혁이 가능하며 장기적 차원의 의료 시스템으로 바꾸어 나갈 수 있다.

중장기적 단위의 시스템 혁신이 마련될 때 비로소 공공 의료 시설 재건도 가능할 것이다. 이미 여러 해 전부터 국공립 병원은 재정적 위기와 생산성의 문제점을 노출하며 존재 이유에 의문이 제기되어 왔으며 더 이상 외면할 수 없는 지경에 이르렀다.

관행과 폐쇄적 조직 논리를 과감히 부수고 장벽을 제거해야만 한다. 의료 시스템의 개혁은 중앙정부 혼자 할 수 있는 일이 아니다. 따라서 이 분야 역시 지방정부의 의료보건 담당 기구에 좀 더 많은 자율권을 허락해야 할 것이다. 왜냐하면, 그 지역 주민들의 특징과 지역적 요구 사항을 가장 잘 이해하는 곳이 그들이기 때문이다. 나는 샤모니에서 그러한 예를 목격할 수 있었다. 의료진들이 서로 원활한 협조하에 진료하고 시설과 원격진료 기술 등에 투자할 수 있도록 환경을 갖춘 요양소가 새로이 설립되었던 것이다. 그런가 하면 살랑슈 지역의 종합병원은 민간 개업 의사들과 파트너십을 체결하여 소규모 의료기관의 영업을 보장하면서 환자들의 빠른 퇴원을 유도하여 의료비 지출을 경감하고 보다 나은 의료 서비스를 받을 수 있도록 하였다. 변화는 위에서 시키는 것이 아니라 아래로부터 일어나는 것이다.

보건의료 혁신의 마지막 내용은 평등에 관한 것이다. 프랑스 국민은 퇴직뿐만 아니라 실업 문제 앞에서도 평등하지 않다.

프랑스의 퇴직 시스템과 고용보험제도는 구시대의 상징적 제도라고 할 수 있다. 외벌이 가정의 가장주로 남자이 한 회사에서 평생 일하던 사회에 맞추어 만들어진 제도이기 때문이다. 그 당시의 가장은 실직이나 이직에 대한 두려움, 불안정한 생활, 치열한 경쟁에 대한 근심 없이 자신의 은퇴 후 생활과 의료비를 위해 소득의 일부를 따로 떼 연금으로 냈다.

우리의 제도는 물론 지난 수십 년간 여러 번의 수술 과정을 거쳐 왔다. 2003년 이후에만 네 번의 퇴직연금제도 개혁이 실시되었다. 하지만 이런 제도 개혁의 수혜자는 언제나 탄탄한 대기업에서 퇴직할 때까지 한 곳에서 안정적 조건으로 근무하는 샐러리맨이다. 게다가 그 수혜자의 숫자는 해가 갈수록 줄어들고 있다.

더 이상 땜질식 임시방편으로는 안 된다. 현재의 제도는 지난 30년 이상 계속되어온 대량 실업으로 신음하는 사회의 해결책이 될 수 없다는 뻔한 얘기를 하려고 이런저런 이유를 끝도 없이 떠들어 대는 토론도 필요 없다. 연금 수령 시기를 65세로 늦추느냐 혹은 62세로 유지하느냐 사이에서 입씨름하는 사람들에게서 좋은 토론이 나올 수 없다. 비록 인구 구조의 변화와 세대 간 형평성 문제, 그리고 연금 재정 상태 악화 등으로 이 문제에 대한 논의가 미룰 수 없는 것이라 하더라도 말이다. 고용보험 연금 납입이 가능한지 아닌지 가려내기 위해 봉급 생활자와 자영업자를 구분하고 경계 짓는 것은 중요한 일이 아니다. 우리가 제기해야할 진짜 문제는 더욱 근본적인 데 있다. 어느 누구든 벼랑 끝에 몰리지 않도록 보호할 방법을 찾는 것, 그리고 어떻게 하면 완전히 달라진 새로운 환경에서 안정적 일자리를 찾을 수 있을 것인가 하는 것이다. 노동시장의 현실은 수만 가지 다른 상황과 종류, 계약 조건으로 과거와는 비교할 수 없이 잘게 세분화되었으며, 더 이상 한 곳에서 평생 일할 수 있는 안정적 여건은 사라져가는데 우리 사회의 시스템은 노동 환경의 불평등을 개선하기는 커녕 오히려 악화시키고 있을 뿐이다.

가령 어떤 사람이 처음엔 공직에 근무하다가 민간 분야로 옮기고, 또 나중엔 자영업을 운영함으로써 여러 개의 연금 기금에 그때그때 달리 이동했다면 이때의 연금 권리는 어떻게 정리될 것인가? 그런가 하면 평생을 농업에 종사한 농부는 농협상호공제조합으로부터 적은 금액이지만 연금을 받는데 반해 매일 남편을 도와 함께 일한 그의 아내는 한 푼도 받지 못하는 불공평함은 또 어떻게 설명할 것인가? 중간중간 중단된 근무 경력으로 인해 복잡한 연금 산정의 악몽을 겪은 사람이 한둘이 아니다. 동일한 업무에도 불구하고 단지 계약 신분상의 위치에 따라 천지 차이가 나는 연금 액수로 인해 상심하는 사람 또한 부지기수다. 대기업이 제공하는 안정적 혜택을 누리지 못하고 계약직 근로로 살아가는 사람들에게 어떻게 하면 사회 계층 이동의 기회를 줄 수 있을까?

개혁의 기본 원칙은 분명하다. 우리의 사회보장 시스템이 국민 개개인을 중심으로 보편적이며 투명하고 공정하게 재정립되어야 한다. 근로자의 고용 상태나 분야에 따라 보호 수준이 달라지는 방식은 재고되어야 한다. 이미 건강보험에서 실시하고 있는 것처럼 개인이 처한 근로 상황과 상관없이 공평하게 보호받아야 한다.

나는 이미 앞에서 직업 전환을 장려하고 보호해야 한다고 말했다. 그러므로 이 장에서는 그 과정을 위한 사회적 보호 장치 마련의 필요성을 지적하고자 한다.

직업 전환을 돕기 위해서는 퇴직연금제도가 보다 단순하고 이해하기 쉬워야 한다. 자신이 어떤 권리를 가지고 있는지 알기 어렵고 지위에 따라 혜택이 달라지는 지금의 상황은 바람직하지 않다. 종류별로 서로 상이한 연금제도는 수년 내 조정을 통해 비슷해지도록 만들어야 한다. 그렇게 해서 점차 하나의 포괄적이며 보편적인 연금 시스템으로 통합해 나가야 한다. 퇴직연금 조건은 근로자가 봉급 생활자인지, 자영업자인지 혹은 공무원인지에 따라 차별되어서는 안 되며 개인의 노동 현실에 따라 이루어져야 한다. 연금 납부 기간 문제 역시 노동 현실이라는 기본 조건 위에서 다루어져야 한다. 획일적 방식은 옳지 않다. 이렇게 접근할 때 은퇴연금제도는 사람들에게 더 이상 이해하기 어려운 복잡한 제도가 아닌 보다 명확하고 또한 보다 공정한 제도로 받아들여질 것이다.

실업의 위협이 지금과 같이 만연한 상황에서 이에 대비한 보험제도는 너무나 제한적으로만 적용되고 있는 현실-봉급 생활자만 실업연금의 대상이다-은 결코 합리적일 수 없다. 이미 앞에서 언급한 바와 같이, 이 제도는 보편적으로 확대되어야 하며 규정 또한 세부적으로 심도 있는 논의를 통해 반드시 개정되어야 한다. 지금 우리에게 필요한 것은 국민 개개인이 비용을 분담하고 또한 누구나 그 혜택을 누릴 수 있는 사회적 연대 시스템이다. 그러므로 이 시스템의 대상은 해고나 사직으로 직업을 잃은 봉급 근로자뿐만 아니라 독립 사업자도 포함된다. 그리고 그 비용은 개인의 사회보장 분담금에서 걷히는 것이 아니라 세금으로 마련될 것이다. 마찬가지로 실업수당은 보험이 아니라 사회연대 수당에 속하게 될 것이다. 그렇게 되면 유럽연합 평균보다 3배 이상 높은 7,000유로한화 약 900만 원 가까이 되는 실업수당 상한선 은 하향 조정될 수 있을 것이다.

실업수당 급여 대상을 가려내기 위해 근로자의 업무 분야를 더 이상 따지지 않아도 되고 사회복지기금은 더 이상 개인의 분 담금이 아닌 세금으로 충당될 것이므로, 지금까지 회사 단체에 위임해 왔던 주요 전략적 정책들을 앞으로는 국가가 직접 결정 해야 할 것이다. 지금까지는 급여, 기간, 보상 항목에 이르기까 지 실업급여 조건에 관한 전반적인 사항을 결정하는 데 있어 노 동자 대표 기구가 그 역할을 맡아 왔다. 국가는 실업수당으로 인 한 부채를 떠안고 보증하면서도 일련의 결정 과정에서 제대로 목소리를 내지도 못하고 말이다. 이제는 고용·보험제도와 관련된 결정은 정부가 책임지고 맡아야 한다는 것이 나의 생각이다. 궤 도를 이탈하는 제도 앞에서 더 이상 입 없는 보증인으로 머물 수 는 없다. '합의되지 않은' 합의를 단지 전달하기만 할 뿐인 발표 자 역할은 이제 그만두어야 한다!

요컨대 노사 협약, 기업 내 갈등 조정, 노동자 지원 등에서는 노동 단체에 더 많은 권한을 부여하고 제도의 운영과 관련한 문 제에는 국가가 더 나서야 한다고 나는 생각한다. 그 과정에는 물 론 격전이 있을 것으로 예상된다. 왜냐하면, 기존의 제도로 혜택 을 누려 왔던 이들의 반발이 만만치 않을 것이기 때문이다. 그러 나 개혁은 지금까지 장벽에 가로막힌 채 아무런 혜택도 받지 못하던 수많은 사람을 자유롭게 해줄 것이기 때문에 실행을 주저해서는 안 된다. 이 문제는 앞으로 우리가 해결해야 할 가장 중요한 과업 중 하나가 될 것이다.

그렇다고 해서 정부가 독단적으로 처리하자는 말은 아니다. 노조 파트너들의 참여를 막아서는 안 된다. 다만 현재의 불균형적 관계를 개선하자는 것이다. 건강보험을 예로 들면 정부와 파트너 단체는 서로 균형 잡힌 만족할 만한 관계를 유지하고 있다.

앞으로 다가올 수년, 수십년 동안 노령 인구의 부양 문제는 점점 더 심각해질 전망이다. 무엇보다 프랑스 인구가 지속적으로 노령화되고 있기 때문이다. 불과 10년 전만 해도 60세 이상 인구가 5명 중 1명이었으나, 2050년이 되면 3명 중 1명이 60세 이상이 된다. 그뿐만 아니라 2025년이 되면 첫 번째 베이비붐 세대가 80세에 이른다. 수명 연장은 기쁜 소식이다. 하지만 이것이 진정한 의미의 축복이 되려면 '단지 수명에 몇 년 더 보태는 것'에 만족해서는 안 된다. '연장된 세월에 삶을 보태야' 한다. 다시 말해 노인이 온전히 자신의 삶을 영위하며 지속적으로 타인과 관계를 맺고, 원하면 언제라도 일할 수 있고 원하는 곳으로 이동할 수 있으며, 남에게 의존하지 않고 독립적 삶을 꾸려갈 수 있을 뿐만 아니라 공동체 내에서 여전히 필요한 사람으로 남을 수 있을 때 수명 연장은 의미가 있으며, 그것이 가능하도록 만들어야 한다. 우리가 해야 할 일은 노인들이 건강한 몸으로 가능한 한 오래 살면서 독자적 삶을 지켜나가도록 하는 것이다.

목표에 합의했다고 모든 것이 끝난 것은 아니다. 퇴직연금 지출 수준이 2050년경에는 훨씬 더 늘어날 가능성을 감안해 우리의 복지제도 전반을 재점검할 필요가 있다. 이 문제는 노인은 물론이고 노인을 매일 돌보아야 하는 수백만 간병인과 가족 등 사회 전체와 관련된 일이다. 단지 퇴직, 질병만의 문제가 아닌 남녀노소 예외 없이 모든 사람과 직접 관련된 새로운 상황에 제대로 대처하기 위한 방법을 찾아야 한다.

11

프랑스 국민의
재화합

프랑스 국민의 재화합

프랑스는 언제나 통합을 향한 꿈을 꾸어 왔다. 정부는 오래전부터 파리를 출발점으로 한 국가의 단일화, 즉 프랑스 전 국토에 동일한 서비스와 동일한 인프라를 제공하려고 노력해 왔던 것이다. 그럼에도 불구하고 이미 여러 해 전부터 우리 눈앞에서 국가의 분열이 진행되고 있다.

다른 모든 나라와 마찬가지로 프랑스에서도 대도시화 metropolisation 현상이 뚜렷하게 나타나고 있다. 사회 개방의 열매는 대도시로 집중된다. 높은 부가가치 업종이 도시에 집중되어 있다. 세계 GDP의 50%가 불과 세계 300개 도시에서 기록되며 프랑스 GDP의 50%는 국내 15대 도시에서 이루어진다. 그리고 그 15대 도시 중 선두는 일-드-프랑스 지역과 파리가 차지하고 있다. 반면 도시 외곽 지역에는 극빈자의 80%가 집중적으로 거주한다. 그들은 공장의 폐업, 열악한 공공 서비스, 취업 장벽과 접근하기 어려운 문화 활동 환경 등으로 고통받는다. 이런 이야기를 꺼내는 이유가 대도시의 개발을 막아야 한다고 주장하기 위해서는 아니다. 오히려 그 반대이다. 메트로폴리스는 프랑스의 기회이며 국가의 발전과 경제 회복, 취업 영향력 확대의 원천이다.

단일한 모델이 전국에 똑같이 적용되는 통합 프랑스라는 꿈은 이제 버려야 할 것인가? 나는 그래야 한다고 생각한다. 눈앞의 현실을 직시하자. 사는 곳이 리용인지 셸부르인지 센쌩드니 혹은 르 셰르인지에 따라 각자가 처한 상황과 현실은 상이하다. 필요한 인프라와 서비스도 서로 다르다. 파리가 전국의 기준이 되던 시절은 이제 지나갔다. 이제는 메트로폴리스라 일컬어지는 광역 대도시들이 다른 지역을 리드하고 새로이 긴밀한 관계를 유지해 나갈 수 있도록 해야 한다.

그러면서도 각각의 광역 도시는 자신이 속해 있는 지역에 대해 커다란 책임감도 동시에 짊어지고 있는 것이 사실이다. 전국 대도시들의 왕성한 활동력 덕분에 프랑스의 어느 한 지방도 크게 낙후되지는 않았다. 프랑스 국민의 40%가 이들 대도시에서 생활하고 있으며 프랑스 민간 분야 순수 고용 창출의 70%도 대도시에 집중되어 있다. 미래 국가 발전의 상당 부분은 이 대도시들이 새롭게 성장한 주변 지역과 형성한 상호 보완적 관계를 통해 이루어질 것이라고 생각한다.

우리나라 미래를 위해 핵심적 역할을 할 이들 거대 도시는 그러나 한편으로는 어두운 측면도 가지고 있다. 가난에서 벗어나려고 때로는 아주 먼 곳으로부터 찾아오는 사람이 더해져서 대도시는 크게 양분되는 경향을 보인다. 한쪽은 부유층 거주지와 번화가가 몰려 있는 생기 넘치는 곳이고 다른 한쪽은 빈곤에 허덕이며 날로 소수민족 집단 거주지화 되어 가는 곳이다. 지금은 서로 나란히 지내고 있을지 몰라도, 우리가 아무런 노력과 조치를 취하지 않는다면 미래에는 서로 적대적으로 맞서는 관계가 될 수도 있다는 점을 우리 모두 알고 있다.

　그렇기 때문에 우리가 취해야 할 첫 번째 사회 정책은 구성원의 통합과 혼합이 이루어지도록 도시를 재구성하는 것이다. 왜냐하면, 모든 것은 서로 연결되어 있기 때문이다. 가정에서 불어를 사용하지 않는 주민의 비율이 80%에 달하는 지역의 경우 점차 자기들끼리만 뭉치고 외부에 배타적이 되는 경향이 있으며, 이런 곳에서 자라난 아이는 학교에서도 같은 출신들끼리 어울리면서 학업 성취도 면에서 뒤처지고, 그 결과 성장한 후에도 스스로 인생을 개척하는 데 어려움을 겪게 된다.

　지금 대도시에서 목격되는 사회적 단절은 먼저 지역 간 단절에서 시작된 것이다. 우리는 이러한 분열에 대항해 싸워야 한다. 도시 정비 정책과 주택 건설 정책을 통해 우리가 지향해야 할 목표는 바로 도시가 다시 한번 만남의 장이 되도록 만드는 것이다.

　그러기 위해서는 우리의 도시 정책이 지역과 지역을 아우르는 보다 광범위한 차원에서 이루어져야 할 것이다. 모든 광역도시가 마찬가지이다. 그리고 수도 파리가 위치한 일드프랑스는 특히 더욱 그러하다. 단지 파리시의 개혁만으로는 프랑스 제1 광역도시의 시급한 문제를 해결할 수 없을 것이라고 생각한다.

도시 재편 계획에는 막대한 비용이 소요된다. 그런데 도시재정비국의 예산은 지난 수년 동안 50% 이상 줄었다. 이 계획에 대한 투자는 각 지방 정부 주도하에 민간 기업과의 협력을 통해 이루어져야 한다. 주택 건설과 공공지대 정비, 네트워크 구축에 대한 우리 기업들의 전문성과 자금력은 이 사업 성공의 핵심이다.

지역 주민들이 서로 자연스럽게 섞이도록 하면서 여러 문제들도 동시에 해결하기 위해서는 주택 건설이 매우 중요하다. 그런데 우리의 주택 건설 정책은 유감스럽게도 너무 낡았다. 오늘날의 가족 형태보다는 과거의 가족 형태에 맞춰 계획되었으며 전통적인 지역 균형과 가족 형태에 맞는 구사회적 틀에서 고안된 것이다. 오늘날 프랑스인이 사는 방식은 과거와는 많은 차이가 있다. 현대 프랑스인은 과거보다 더 자주 이사를 한다. 직업을 옮기는 일이 잦아졌기 때문이다. 주택 수요 또한 크게 늘어났다. 부부가 이혼을 하고 자녀의 양육을 번갈아 한다면 침실 2개짜리 주택 한 채가 아니라 침실 2개 주택 두 채를 지어야 하는 것이다.

지난 몇 년 동안 주택 장만 여건이 크게 악화되었다. 20년 사이 주택 가격은 150%나 인상되었는데 이에 반해 가용소득은 50% 밖에 늘지 않았다. 주택 가격 인상에는 공급 물량 부족이라는 문제가 숨어 있다. 공급이 수요를 따라가지 못한다는 것인데 이는 특히 '긴장 지역'이라고 불리는 일드프랑스, 꼬따쥐르 및 몇몇 광역도시에서 두드러진 현상이다. 이들 지역에는 주택과 관련된 심각한 불안 요소들이 집중되어 있다.

나는 이 '긴장 지역'에 지금보다 훨씬 더 빨리 그리고 훨씬 더 많은 주택 건설이 이루어져야 한다고 주장한다. 그러기 위해 무엇보다 필요한 것은 일관성이다. 도시 계획법을 더욱 복잡하게 만들고 기술적 규정을 강화시키고 절차에 필요한 기간을 늘리는 일은 그만두어야 한다. 우물쭈물해서는 안 된다. 더 많은 주택 건설에 우선순위를 둘 것인가? 아니면 관련 규정을 계속 강화시켜 나갈 것인가? 두 마리 토끼를 모두 잡으려다가는 둘 다 놓칠 것이다. 나의 주장은 주민들이 원하는 곳에 집을 짓자는 것이다.

다음으로 필요한 것은 단호한 결단이다. 의회의 의원들이 자신의 임무를 다하지 않는 것은 부동산 가격을 높게 유지하기 위해서라고밖에 생각할 수 없다. 파리가 속해 있는 일드프랑스 지역의 주택 건설 분배 현황을 살펴보면, 모든 구 departement 에서 주요 건설 공사는 4~5개 소단위 꼬뮌 commune 에 집중되어 있음을 알 수 있다. 그런데 이들 공사 밀집 지역이 그렇지 않은 여타 지역과 대체로 특징 면에서 비슷하여 유독 몇몇 지역에만 공사가 집중된 타당한 이유를 찾을 수 없다. 그렇다면 문제는 정책적인 것이라 보아야 할 것이다. 이런 현상이 두드러지게 나타나는 몇몇 광역도시에 대해 중앙정부는 토지세를 면제해 주고 절차를 간소화하여 매년 수만 채의 주택을 추가로 공급할 수 있도록 도와주어야 한다.

이렇듯 뚜렷한 목적을 가지고 주택 정책을 수행하는 것만이 대도시의 주택 부족 문제를 해소하고 부동산 가격을 낮출 유일한 효과적 방법이다. 이 노력이 제대로 이루어질 때 지난 수년간 지출되어 온 막대한 공공 지원 자금을 낮출 수 있을 것이다. 왜냐하면, 그동안 주택 건설 문제를 외면한 채 가구 지원만 하다 보니 주택 가격 인상이라는 결과가 발생했기 때문이다.

광역 대도시로 상징되는 프랑스의 한편에는 '도시 외곽'으로 불리는 프랑스가 나란히 존재한다. 이 외곽 지역의 주요 이동 수단은 개인 자가용이다. 이는 환경 문제를 야기할 뿐만 아니라 주민들의 삶의 질 저하라는 문제를 낳는다. 날로 증가하는 교통량으로 인해 출퇴근 이동 시간이 점점 길어지기 때문이다.

도시 외곽에는 기본적인 공공시설, 대중교통 수단, 유아원과 기타 문화 시설이 부족한 경우가 많아서 생활 여건이 상당히 열악할 수밖에 없다. 일부 소규모 다세대 주택 밀집 지역은 매우 낙후되어 생활 수준이 나빠지거나 또 어떤 곳은 주택가가 화물 창고나 영세 기업 등과 뒤섞여 있기도 하다. 바로 이런 곳에서 우리 사회에 대한 불신이 싹트고 체제를 부정하고 차츰 극단적 사상에 빠져드는 사람들이 생긴다. 이 지역들을 중심으로 공공 투자와 민간 재개발 투자가 보다 광범위한 차원에서 이루어져야 하는 이유다. 대도시의 경계 지대에 도시와 자연이 조화롭게 어울릴 수 있는 작은 단위 마을을 조성해야 한다.

이와 병행하여 국가의 뼈대를 이루는 100여 개 중간 규모 도시에 활력을 불어넣어 주는 정책도 필요하다. 무엇보다 이들 도시의 중심가가 변화할 수 있도록 해야 한다. 도시 계획을 세울 때 적절한 규모의 상업 지구에 대한 고려 없이 지나치게 큰 쇼핑센터가 들어서도록 방치함으로써 문제가 발생했던 경우를 보아 왔다. 그 결과 도시의 중심가에 빈 상점이 늘어나고 점차 건물의 가치가 떨어지면서 연쇄적으로 힘든 상황이 이어졌던 것이다. 도시의 중심가는 일자리를 창출하며 지역 전체를 먹여 살리는 중소기업이 포진해 있는 경제 활동의 장소이어야만 한다. 따라서 도시 중심가의 발전이 매우 중요하다.

대도시와 마찬가지로 일부 중간 규모 도시에도 낙후된 지역으로 인한 문제가 존재한다. 이곳에서도 역시 주민들의 교류가 원활히 이루어지도록 재건축이 이루어져야 한다.

나는 앞에서 프랑스가 메트로폴리스의 나라라고 말했다. 하지만 우리의 대도시와 주요 도시들이 똑같은 수준으로 발전하는 것은 아니다.

전통적으로 산업이 크게 발달했던 일부 지방은 그 지역의 주요 원동력이었던 산업이 점차 첨단 산업에 뒤처지게 되면서 그 도시마저 서서히 악화되고 가고 있다.

경제 위기가 최고조에 이르렀던 시기에는 프랑스 북동부 지대의 고용률이 단 2년 만에 무려 10%나 감소하기도 했다. 그리고 안타깝게도 이러한 지역 쇠락은 지금도 진행 중이며 그 결과 또한 치명적이다. 실업률은 날로 높아가고 자신의 고향에선 더 이상 미래가 없다고 생각한 젊은이들이 그곳을 떠나면서 지역의 상황은 더욱 악화된다. 은행으로부터 막대한 금액의 융자를 받아 주택을 구매한 그곳의 직장인들은 상황이 더욱 나쁘다. 부동산 가격이 폭락함에 따라 그곳을 벗어날 수도 없게 되어 버렸기 때문이다.

그곳의 주민들은 나락에 빠진 것 같은 절망을 느낀다. 모든 희망을 단번에 잃어버린 충격이 얼마나 크겠는가?

지역 활성화에 국가가 나서야 한다. 시대에 뒤떨어진 산업을 유치하려 많은 돈을 쏟아부을 것이 아니라 현재에 맞는 새로운 성장 모델을 지원하고 북돋아 줌으로써 말이다. 그러려면 그 지역에 맞는 지식과 이해가 바탕이 되어야 한다. 대학 도시라면 그 지방 전체에 도움이 되면서도 교육에 적합한 환경을 조성하고 강화하는 방향으로 재개발이 이루어져야 한다. 새로운 기업 창업을 위해서는 혁신, 품질 연구, 새로운 프로세스의 도입이 동반되어야 할 것이며, 일부 전통 산업 분야는 다시 활력을 찾을 수 있는 방법을 모색해야 한다. 시대에 맞춰 현대화가 이루어진다면 어떤 기업이라도 다시 살아남을 수 있다.

브장송에서 우리는 훌륭한 경험을 한 적이 있다. 1970년대 초 시계 회사 립Lip이 폐업에 이르게 된 이유는 시계 산업 미래 예측과 투자의 부재 때문이었다. 당시 정밀 시계 제조업은 브장송 지역의 핵심 산업이었으나 쿼츠 기술의 도래와 함께 시장에서 밀려나고 말았다. 그런데 지금 브장송에는 그 당시보다 더 많은 일자리가 공급되고 있다. 어떻게 이런 일이 가능했을까? 소도시와 광역도시, 국가 그리고 회사가 힘을 합쳐 직원들의 능력과 산업 혁신에 투자했기 때문에 이룰 수 있었던 일이다. 시계 제조공들의 뛰어난 정밀 기술 능력 덕분에 수백 개의 관련 중소기업이 이 지역에서 탄생하고 발전할 수 있었다. 기술 혁신은 공공 연구소와 민간 기업 연구소를 중심으로 진행되었으며 브장송을 첨단 초정밀 기술의 중심지로 만들기 위한 시도가 이어졌다.

경제개발계획의 수립은 브장송에서와 같은 방식으로 이루어져야 한다. 산업 정책에 관한 한 나는 이미 뒤처진 기업을 무조건 보호하려는 시도에 동의하지 않으며, 차라리 새로운 기업을 세우거나 혹은 과거 기업에 새로운 기술적 기반과 토대를 도입하여 재성장 가능성을 모색하는 것이 바람직하다고 생각한다. 우리가 보호해야 할 것은 업종이 아니라 근로자이다. 따라서 기업이 혁신을 꾀할 수 있도록 도와야 한다. 또한, 기업의 직원들이 지속적인 직업교육을 받을 수 있도록 여건을 마련해 줄 필요가 있다. 그렇게 함으로써 현재 불어 닥치고 있는 대대적 변화와 혁신을 자연스럽고도 성공적으로 이룰 수 있을 것이다.

마지막으로 언급하고자 하는 지역은 농촌이다. 이곳은 도시의 발전으로부터 멀리 떨어져 있는 듯하다. 낙후, 방치가 농촌의 숙명일까? 그럴 리 없다.

먼저, 선택적 전원 생활을 들 수 있다. 점점 더 많은 사람이 시골을 떠나 도시로 몰려들고 있지만 그들은 여전히 자연을 사랑하는 사람들이다. 그들에게 농촌은 강한 흡인력이 있는 매력적인 곳이다. 사람들은 시골에 내려와 주말을 보내고 휴가를 지낸다. 이전까지 텅 빈 채 방치되어 있던 헛간과 농가를 개조한다.

다음으로 나는 시골에서도 충분히 경제 발전이 가능하다고 확신한다. 우선은 건물 리노베이션을 통한 주택 관련 경제, 관광, 지역 특산품 증대 등이 있을 수 있다. 그 외에도 도시와 시골의 거리를 좁힐 수 있는 신기술 개발을 기획할 수 있다. 콜센터나 디지털 관련 근접 서비스가 확장되어야 한다. 로트Lot 주 비야르 쉬르세르에 위치한 식료품 회사 안드로스Andros에서 보듯이 기업이 이주해 올 수도 있다.

방치된 농촌 지대를 실험의 장으로 만들어야 한다. 국가에 의한 천편일률적이고 지나치게 소심하게 운영되는 규정들로는 농촌을 효과적으로 살릴 수 없다. 도시와 농촌에 똑같은 잣대를 들이댈 수는 없는 일이다. 농촌을 살리려면 모험하고 실험해야 한다.

매년 주민 수가 줄어들고 있는 10여 개 도departement에 대해서는 좀 더 차별화된 접근법이 필요하다. 그곳의 주민들은 너무 오래 뒷전으로 밀려나 있었다. 그들은 주로 노인과 농부들이며 농민의 후손이라 자처하는 프랑스인들에게 농촌의 열악한 현실은 너무나 안타까운 일이 아닐 수 없다. 교통시설에 대해 언급하자면 게레Gueret 시에서 푸아Foix, 갑Gap, 오리약Aurillac 시를 거쳐 멍드Mende 시에 이르기까지 모든 지역마다 이 마을과 산업지대를 서로 효율적으로 이어주는 고속 교통수단이 적어도 한 가지는 갖추어져야 한다. 그래야만 이들 농촌 지역이 발전할 수 있다. 이 교통 시설들은 5년 이내에 완공되어야 할 것이다. 이동 통신과 광섬유 사업의 경우 사업자가 약속을 지키지 않는다면 국가가 서둘러서 다시 손을 써야 한다. 의료 서비스의 경우 기존 대형 병원 주변에 요양 병원을 늘리든지 아니면 기존의 전문 의료 인력들을 끌어모으던지 어떤 방법이든 서둘러서 의료 시설을 확충해야 할 것이다. 에너지 공급을 위해서는 바이오 가스 발전소와 풍력 발전소 건설을 앞당기기 위해 특단의 조치를 취해야 할 것이다.

공공 서비스 부분에서는 특히 학교가 폐교되지 않고 유지되도록 신경을 써야 하며, 더 많은 가구가 정착하여 주택이 더 증가하고 우정공사의 계획대로 공공 서비스가 확충되도록 노력해야 한다. 그리고 농부가 작물을 생산하고 지역 토지를 재정비할 수 있도록 지원해야 한다. 이는 농지 및 문화유산 계승 그리고 기후 변화에 대한 대비 등 다방면에 걸친 활동을 통해 가능할 것이다. 위에서 언급된 농촌 주민들을 위한 이 모든 계획들은 다른 어느 곳에서보다도 적극적으로 추진되어야 할 중요한 사업이다. 나는 단순히 농부라고 부르는 대신 그들을 농촌 주민이라고 부른다. 그들은 우리의 농촌, 우리나라를 일구고 지키는 사람들이다. 그들이 사는 땅에 절망이 깃들면 집단적 사기 저하로 이어진다. 농산물 유통 경로 재개편을 통해 적정한 선의 가격 안정화를 유도함으로써 생산자의 생활을 보장하는 한편 투자 여력을 갖출 수 있도록 정책을 마련해야 한다.

현지 사정에 적합한 공공 정책은 프랑스 본토뿐만 아니라 해외 영토에 마찬가지로 적용되어야 한다. 해외 영토는 다양성을 특징으로 한다. 역사적 지리적 다양성은 물론이고 해외 영토에 속하는 마르티니크, 과델루프, 프랑스령 기아나, 레위니옹, 마요트를 비롯하여 특별 공동체statut particulier인 누벨 칼레도니 그리고 해외 자치지역collectives인 생 피에르 미클롱, 생 바르텔레미, 생 마르탱, 왈리스 피튀나, 프랑스령 폴리네시아에 이르기까지 제도상으로도 무척 다양한 고유성을 유지하고 있다. 한편 이들 해외 영토에는 공통적인 특징도 있다. 무엇보다 청년층의 실업률이 전국 평균을 웃도는 높은 수준이며 낮은 소득에 비해 생활비 역시 매우 높다. 그 결과 빈곤이 만연하며 생활 수준 또한 당연히 낮고 전후 집중된 투자에도 불구하고 기간산업 시설 역시 매우 부족한 형편이다.

프랑스 본토와 8,000~1만 킬로미터 떨어진 곳에서 매우 협소하고 제한된 시장에 의지하여 유럽 본토와는 크게 차이나는 낮은 수입으로 생활하는 이곳 사람들이 본토와 동일한 법규를 적용받고 있으니 이를 평등하다고 말할 수 있을까? 제대로 된 기업이 생기고 주민들의 불편 사항을 개선할 수 있는 사회, 조세 제도가 수립되며 생물 다양성과 해양 기술 분야와 같은 혁신적 분야에서 민간 투자를 장려하는 정책 등이 마련되어 해외 영토 주민들의 여건이 좋아지기를 희망한다. 본토로부터의 자선은 그들이 바라는 것이 아니다. 그들이 바라는 것은 프랑스 본토에서 누리는 것과 같은 성공의 기회를 그들의 땅에서 갖게 되는 것이다.

프랑스는 나누어질 수 없는 단일한 국가이면서 동시에 놀라울 정도로 다양성을 지닌 나라이므로 일률적 통일성의 논리에서 벗어나 차별화된 자발성의 논리로 나아갈 필요가 있다. 이것이 국가를 하나로 이어줄 핵심 논리이다.

다양성을 우선적 가치로 추구할 때 이는 필연적으로 국가의 정치 행정 조직 쇄신으로 이어진다. 국가는 지방 분권화, 탈집중화, 각 지역 주체들과 새로운 협력 관계를 추진하고 각 지역에 적합한 정책을 발전시켜야 한다. 새로이 막 만들어진 지방레지옹에서는 그 지방과 대도시메트로폴리스의 관계를 유기적으로 이어준다면 무리 없이 자연스러울 것이다. 구체적으로 보면 이런 지역에서 광역 대도시가 데파르트망departments을 흡수할 수도 있을 것이다.

농촌에서는 시ville가 지역 발전을 이끌지 못한다. 시의 규모가 너무 작아서 도department 차원으로 그 역할이 넘어갈 수 있다. 너무 규모가 작은 시ville는 통합해서 그 기능을 좀 더 강화하는 것이 나을 것이다.

지역 간에 상호 연대 의식은 국가 전체의 발전을 위해 반드시 필요하다.

행정구역 문제에 관한 해묵은 논쟁은 그만두자. 데파르트망을 유지시킬 것인가 없앨 것인가는 중요한 문제가 아니다. 강력한 광역 대도시가 형성되어 있는 지역에서는 데파르트망의 존재가 거의 미미하다. 일드프랑스 지방이 그런 경우다. 그런데 농촌이 압도적인 지역의 경우에는 반대로 데파르트망이 지역 발전의 견

인차 역할을 담당하고 있다.

국토를 재편할 때에는 무엇보다 지역 주민의 목소리에 귀 기울여 의견을 수렴하는 데에서 계획이 출발해야 한다. 최근 추진되고 있는 알자스 지방의 두 데파르트망 통합 계획과 브르타뉴 단일 지방의회 설치 계획을 생각해 보자. 그리고 데파르트망 론Rhone과 광역 대도시 리옹의 경우를 보자. 프랑스를 이루는 각각의 지방정부와 단체, 주민들은 보다 유기적으로 관계를 맺고 능력을 극대화하여 경제 발전을 이루기 위한 나름의 생각과 계획을 가지고 있으므로 우리는 그들의 생각을 잘 듣고 이해해야 한다.

나는 이 장에서 금기시되는 몇 가지 사항을 언급했다. 하지만 공공 지출을 줄이기 위해서는 짚고 넘어가야 할 일이다. 한 가지로 똑같이 재단된 정책을 버리고 국가 전체에 이득이 되는 정책을 펼쳐야 할 것이다.

다른 모든 분야와 마찬가지로 지역 균형 발전 문제에 있어서도 나는 이 땅의 주인 프랑스 국민들 편이다.

12

프랑스다움을
추구한다

프랑스다움을 추구한다

테러의 위험과 폭력, 도처에서 발생하는 불안정한 상황 앞에서 공권력, 단호한 대처, 물리력 동원 등을 주장하는 목소리가 드높다. 어떤 이들은 정부가 전면에 나서서 국가를 강력하게 장악해야 한다고 설파한다. 추방, 입국 금지, 질서 유지를 시행하면 나머지 문제는 해결될 것이라고도 한다. 또 누군가는 프랑스가 환상 속 황금시대에 빠져 닫히고 경직된 존재가 되고 말 것이라고 주장한다.

그러나 그것은 사실이 아니다. 수많은 도전 앞에 당당히 대항하고 전 국민이 하나로 뭉쳐 화해하기 위해 필요한 것은 하고자 하는 의지이다. 의지는 우리를 앞으로 나아가게 하며 인간의 한계가 어디까지인지 보여 주기 위해 도전하고 극복하며 그런 과정에 의미를 부여한다. 그렇다. 프랑스는 곧 의지이다. 의지는 무에서 나오지 않는다. 새로운 도전이 있을 때마다 해답을 찾아온 우리의 역사, 바로 그 유산 위에 의지가 자라는 것이다.

프랑스다움을 추구한다는 말의 의미는 나라를 분열과 고립, 내전의 위험으로 빠져들게 하는 모든 행위에 맞서 싸운다는 뜻이라고 생각한다. 이는 곧 생각의 자유, 공동체 문화, 외부에 열려 있는 나라를 희망하는 것과 같다.

새로운 세상을 향한 희망이 가득한 이때 이미 지나간 옛 시대의 유물이라고 생각했던 폭력적 위협이 다시 우리 사회에 등장했다. 테러로 인한 외부의 공격과 정체성 갈등으로 야기된 내부의 위협이 그것이다.

폭력 앞에 나약해져서는 안 된다. 연이은 테러로 목숨을 잃은 희생자의 가족들이 보여 주는 숭고한 태도는 나에게 깊은 감명을 주었다.

우리에게는 다에시 Daech, 이슬람 무장단체 IS를 지칭함 역주라는 적이 있다. 우리는 국내외에 포진한 이들을 가차 없이 물리쳐야 한다. 하지만 그 과정에 모든 문제를 전부 들고나와 혼동을 일으키거나 부수적 논쟁으로 내부의 분열을 일으켜서는 안 된다.

우리 땅에서 태어난 청년들이 어떻게 전체주의적 살인 프로젝트에 빠져들 수 있는지에 대해 여러 가지 복합적인 이유와 설명이 있을 수 있겠지만, 그 모든 요인들을 전부 이해하지는 못할 것이다. 질 케펠 Gilles Kepel , 올리비에 로이 Olivier Roy 그외 몇몇 사람들이 분석과 연구를 통해 다에시의 이념적 종교적 정치적 프로젝트, 허구적 이미지 조작, 개인적 상처, 신경쇠약증, 프랑스에 대한 원한이나 적개심 등을 그 이유로 설명하였다. 동기가 다양한 만큼 해결책도 단순한 치안 유지 차원에 머물러서는 안 될 것이다. 이것은 자신의 선택에 의해서 혹은 충동적 유혹에 사로잡힌 채 범행에 가담한 자들이 저지르는 문명에 대한 도전이다.

좀 더 넓게는 오늘날 우리가 안고 있는 사회 해체 문제가 정체성의 위기를 낳고 이것이 다시 우리 사회가 위기 앞에서 함께 행동할 수 없도록 가로막는 것이다.

우리 사회가 이렇게까지 된 데에는 지난 30년 이상 지속되어 온 대량 실업 사태를 적절히 해결하지 못한 것이 큰 이유로 작용한다. 그로 인해 수백만 명에 이르는 청년들 그들의 부모 역시 수년 이상 실업 상태인 경우가 흔하다 에게 어떠한 희망도 주지 못했으며, 희망을 잃은 청년들은 국가에 대한 불신을 넘어 증오심까지 갖게 되었던 것이다. 이에 대해 나는 이미 여러 차례 정치 경제 엘리트의 배신이라고 말한 바 있다. 우리에게 현실의 문제를 직시할 의지와 용기가 없었기 때문에 그 무기력함의 결과를 국민들이 고스란히 떠안게 되었던 것이다.

우리 사회의 불안과 공포를 이용하려는 자들에 맞서 몇 가지 중요한 원칙을 상기시킬 필요가 있다.

프랑스에서 모든 사람은 자유인이며, 무엇을 믿거나 믿지 않을 자유가 있다. 누구나 종교 활동을 하거나 하지 않을 자유가 있으며 그 믿음의 정도도 양심에 따라 자신이 원하는 강도만큼 결정할 수 있다. 정교분리 원칙은 금지가 아니라 자유이다. 정교분리는 개인이 공동 생활에 쉽게 들어갈 수 있도록 하기 위해 만들어진 원칙이지 특정 종교를 방해하기 위해 만들어진 것이 아니며 더구나 배척하고 손가락질하기 위한 것은 더더욱 아니다. 기반이며 디딤돌이지 억압의 도구가 아니다. 만약 누군가가 우리의 기본 원칙 중 하나인 이 정교분리 원칙을 이용하여 다른 사람들에게 "여기에 당신들의 자리는 없다."라고 말한다면 어떻게 그들에게 국가를 믿고 따르라고 말할 수 있겠는가?

그러나 양심의 자유와 마찬가지로 엄격한 법률 준수는 절대적이다. 프랑스에서 법은 타협 불가한 대상이다. 우리는 시민으로서 마땅히 지켜야 하는 기본 원칙 앞에서 타협하지 않는다. 성평등도 타협의 대상이 아니며 반유대주의, 인종주의, 출신에 따른 차별 거부 역시 타협 불가하다.

솔직해질 필요가 있다. 종교와 관련된 반개혁 전통주의를 논할 때 지금 우리 사회를 휩쓰는 논쟁의 중심에는 이슬람이 있다. 이 문제를 논의할 때 우리는 흥분을 가라앉히고 끈기 있는 태도로 접근해야만 한다.

선택은 우리의 몫이다. 이미 우리는 역사 속에서 여러 차례 선택의 기회가 있었다. 우리가 원하는 것이 타 종교를 무찌르고 배척하는 것인가? 아니면 우리 땅 안에 그들의 자리를 마련해 주고 사회에 잘 정착할 수 있도록 도와주기를 바라는가? 우리는 이미 잘못도 여러 번 저질렀다. 도시와 시골을 파괴하고 온 나라를 완전히 침몰하게 할 뻔했던 참혹한 종교 전쟁을 기억하고 있다.

그런가 하면 타 종교를 받아들이고 그들에게 자리를 내줄 줄도 알았다. 유대교는 충분한 존중과 인정 속에 프랑스에 뿌리내렸다. 역사적 정치적으로 훌륭한 본보기가 된 결정이었다.

심각한 갈등으로 사회가 균열되는 것은 다에시의 함정에 빠지는 것과 같다. 이 점에 대해서는 가톨릭 주교들이 다수의 정치 지도자들보다 더 잘 이해하고 있는 것 같다. 생테티엔 뒤 루브래 성당 신부 암살 사건 당시 가톨릭 사제들이 보여준 기품 있는 반응이 그같은 사실을 단적으로 보여 준다.

프랑스 내에서 무슬림의 목소리가 보다 잘 반영되고 그들이 사회에 보다 쉽게 자리 잡을 수 있도록 도와주기 위한 다양한 대책이 제안되었다. 이 제안에는 무슬림이 남의 도움 없이 보다 용이하게 금융 소득과 종교 활동 공간을 확보할 수 있도록 하는 계획과 더불어 국내법을 준수하는 종교인들을 지원해 주는 계획이 모두 포함되어 있다. 나는 이 제안의 방향이 옳다고 믿으며 나역시 적극 동참할 생각이다.

프랑스에 이슬람 종교가 평화롭게 정착하길 바란다면 국내에 머물고 있는 무슬림들이 숨지 않고 자신의 의무를 다할 수 있도록 하자. 그들이 당당하게 종교 활동을 할 수 있도록 도와주자. 또한, 은밀한 조직, 불법적 자금 조달로 이어지는 통로를 차단함으로써 그들이 다른 나라의 영향으로부터 벗어날 수 있도록 도와주어야 한다.

그런 다음 프랑스와 프랑스법을 무시하며 자신을 따르도록 종용하는 이슬람인과 이슬람 근본주의자에 맞서 함께 싸워야 한다. 그런데 어떤 방법으로 싸울 것인가? 새로운 법과 규정이 필요한 것은 아니다. 이미 필요한 법은 갖추어져 있다. 필요한 것은 법의 적용이다. 프랑스와 프랑스의 가치, 우리 자신과 우리가 가진 것을 부정하고 증오를 부추기는 집단을 엄정한 법 집행을 통해 와해시켜야 한다. 일부 이슬람 근본주의 단체들이 특히 젊은이들을 중심으로 각지에서 문화 전쟁을 일으키고 있다. 그들은 국가의 영향력이 미치지 않는 곳을 차지하고 정부의 공공 서비스를 대신해 도움과 지원을 제공해 준다. 그들을 상대로 맞서 싸우기를 두려워해서는 안 된다. 우리에게는 그 현장에서 정교분리 원칙과 여성의 권리와 공화국의 원칙을 위해 투쟁하는 용사들이 있다. 그들을 방치할 권리는 우리에게 없다. 그들을 돕는 것은 우리의 의무다. 왜냐하면, 그들이야말로 정부와 직접 협력을 통해 국가의 힘을 바로 세울 수 있는 사람들이기 때문이다.

국가와 국가 지도자는 흔들림 없는 자세를 보여 주어야 한다. 종교 사원이 새로 문을 열 때, 필요하다면 국가의 몇 가지 중요한 원칙에 동의함을 선언하라고 요구해야 한다. 또한, 프랑스 법규와 문화에 명백하게 반하는 설교에 대해서는 그에 대한 설명과 해명을 요구해야 한다. 그리고 불가피한 경우 헌법이 허락하는 내에서 해당 사원을 폐쇄하고 종교 활동을 금지해야 한다.

한편, 무슬림 밀집 지역 주민들에게 미래에 대한 희망도 제시해야 한다. 온갖 사회적 경제적 어려움이 집중된 채 거의 방치되다시피 한 지역이 여러 곳 있다. 심지어 일부 정치인은 그런 지역을 괴로운 질병쯤으로 취급하기도 한다. 우리는 그 지역에 도시 재개발 사업을 진행했다. 반드시 필요한 일이었을 뿐만 아니라 실제로 여러 곳에서 훌륭한 성과를 거두기도 했다. 하지만 우리가 한 것은 땅에 대한 재개발이었을 뿐이며 주민들에게는 그저 주거지를 배분해 준 것 정도에 불과했다. 말하자면 이런 식이다. "당신들의 주거 지역을 재정비해 주겠소. 하지만 시내에 있는 학교는 갈 수 없소. 대중교통이나 문화시설 이용은 쉽지 않을 것이오. 교육 연수나 대학 입학은 아주아주 어려울 것이오. 직업이라면… 너무 많은 것을 요구하지 마시오!"

우리의 땅을 긍정적 방향으로 다시 찾는 것은 반드시 해야 할 일이다. 국가 적대 집단을 차단하는 것만으로는 충분하지 않다. 우리의 영토에 재투자를 함으로써 그곳의 주민들에게 기회와 변화 그리고 인간의 존엄성을 되돌려 주어야 한다. 그들에게는 서로 도우며 프랑스 전체와 가치를 공유할 수 있는 활력 넘치는 공동체가 필요하다. 그럴 때 그들은 그곳에 소속감을 가지고 타인과 서로 어울려 지낼 수 있을 것이다. 그들에게 그러한 장소를 제공해야 한다. 다시 말해 학업과 직업을 위한 보다 용이한 이동성, 문화와 오락에 대한 접근 등이 용이한 지역 공동체가 필요한 것이다. 일부 극단적 종교 및 정치 활동이 활개를 펼 수 있는 것도 바로 그러한 갈증이 있었기 때문이다.

우리의 임무는 쉽지 않으며 시간이 걸리는 일이다. 모든 국민에게 어느 정도의 희생을 요구하는 일이기도 하다. 하지만 반드시 해결해야 하는 중요한 문제이다. 프랑스 국가 체제에 편입, 동화된다는 것이 종교와는 별개의 문제이기는 하지만 말이다. 시간은 우리 편이다. 우리는 우리 모두를 위한 프로젝트에 애정을 가져야 하며 각자가 자신의 믿음이 무엇이건 타인을 존중하는 자세가 필요하다.

요컨대 해법은 간단하다. 분열과 증오를 멀리하고 자유를 향해 나아가는 것이다. 그리고 이슬람이 공화국 내에 평화롭게 정착하는 것이다. 그러면서 우리의 원칙을 지켜 나가고 사회를 위협하는 일체의 집단주의에 맞서 싸우는 것이다.

그러나 이것만으로는 충분하지 않다. 만약 우리 자신이 어디로부터 왔는지 알지 못하면 프랑스는 용감하게 진전하기는커녕 제대로 서 있지도 못할 것이다. 우리 사회는 변화의 물결 한가운데 놓여 있다. 변화를 이해할 때 우리는 어디서 왔으며 앞으로 어디를 향해 가는지 알 수 있다. 세상은 너무나 빠르게 움직이고 그 방향 역시 혼란스럽기만 하다. 때로는 좋은 쪽으로 또 때로는 나쁜 방향으로 흘러간다.

아무것도 받아들이지 않는다면 우리는 아무것도 아니며 그 누구도 아닐 것이다. 우리보다 앞서 다른 사람들이 배우고 알아낸 것을 우리가 배우려 하지 않는다면 말이다. 과거의 역사와 문화와 인물클로비스 1세, 앙리 4세, 나폴레옹, 당통, 감베타, 드골, 잔다르크, 제2시민혁명군, 세네갈 보병부대, 레지스탕스, 프랑스 역사를 만든 모든 사람들… 이 없다면 오늘날의 프랑스도 없다.

프랑스는 모든 구성 요소가 합쳐진 하나의 집합체다. 과거의 모든 것을 부정하면서 프랑스인으로 남기를 바란다면 그것은 불가능한 꿈을 꾸는 것이다. 우리의 역사와 문화, 우리의 조상이 우리에게 남겨준 모든 것이 지금 우리의 토대가 되었다. 과거는 미래를 향한 출발점이며 우리의 영웅들은 언제나 우리의 동시대인이다. 교사, 교수, 도제 스승 그리고 직접 기술을 가르치는 기업 사장 등 타인에게 무언가를 전해 주려 자신의 시간을 쓰기로 마음먹은 모든 이들이 우리의 영웅이다.

문화는 우리를 하나로 모으고 연결한다. 문화는 모든 이에게 개방되어야 한다. 소수 정예 집단의 전유물이 되어서는 안 될 일이다. 하나의 시, 텍스트의 한 구절이 사람들의 마음을 울리고 마음의 벽을 무너뜨리는 경우를 나는 여러 번 목격했다. 내가 공공 집회에서 앙드레 지드나 루이 아라공을 언급할 때 바로 그러한 감정의 교류가 일어난다. 그리고 래퍼 압드 알 말릭이 카뮈를 이야기할 때 나는 같은 감정을 느꼈다.

바로 이런 문화 유산이 분열에 대항하는 우리의 무기이며 근본주의, 포기, 체념에 대항하는 무기이다.

그러나 우리의 문화, 감정, 경이를 전달하는 것은 그 이상의 의미가 있다.

그것은 인생에서 중요한 어떤 것을 함께 찾는 것이다. 과거 우리의 생활 방식은 이제 너무나 많이 사라졌다. 개인적으로 내가 어린 시절 작은 마을의 숙모님 댁에서 지내며 보고 겪었던 많은 것을 이제는 더 이상 찾아볼 수 없다. 당시의 마을에서는 누군가를 홀로 방치하는 것은 있을 수 없는 일이었으며, 나이든 부모는 자식이 모시고 함께 살았다. 그런데 지금 우리는 타인에 대한 가장 순수한 관심을 길가에 던져 버리고 말았다.

삶에 의미를 부여하는 일은 정치가 할 수 있는 일이 아니다. 정치가 어떻게 종교와 신념을 대신하겠다고 주장할 수 있겠는가? 그러나 공화국 국민이라면 박애 정신을 망각할 수는 없다. 프랑스 공화국 표어 '자유, 평등, 박애' 중 세 번째 가치인 박애는 종종 가장 모호한 정신으로 여겨지곤 한다. 하지만 박애야말로 장벽을 뛰어넘어 따뜻한 환대 속에 자유와 평등 정신을 하나로 이어주는 원칙이다. 선한 목적으로 매년 서로 협력하고 헌신하는 사람들은 박애 정신을 완벽하게 이해하는 사람들이다. 배척을 용납하지 않는 박애 정신은 프랑스의 토대를 이루는 핵심적인 원칙이다.

개인도 그리고 우리 사회 전체도 저변 깊은 곳으로부터 일종의 상실감을 느끼고 있는 듯하다. 서구 사회의 발전은 사람들을 일종의 우울한 체념에 빠져들게 만든 것처럼 보인다. 개인은 '시장' 혹은 '국가'의 이름하에 자신을 잃어버린 채 그저 기능인으로서 자리를 메꾸고 있을 뿐이라고 여긴다.

우리의 깊은 내면이나 일상생활에는 돈, 사회적 지위, 효율성 등으로 규정할 수 없는 형이상학적이고 설명하기 어려운 요소들이 있으며 그러한 것들은 결코 소멸하지 않는 것 같다.

개인적으로 추구하는 것이 무엇이건, 정치가 맥을 못 추고 무기력하게 방치되는 것을 프랑스 국민은 용납하기 어렵다. 정치의 장을 활성화시킨다는 것은 단지 투표를 하거나 입후보하는 것 혹은 법안을 만들거나 적용하도록 압력을 가하는 것만을 의미하지 않는다.

정치는 지금 우리가 중요하게 여기는 가치를 담아야 한다. 그리고 그 가치는 효율성과는 관계없는 다른 종류의 것이다. 너무나 많은 사람의 삶이 경제 효율성이라는 이유로 상처받고 망가졌다. 지나치게 복잡해진 기업 내에서 사람들은 더 이상 누가 명령하고 누가 복종하는지도 분간이 안 될 지경이다. 노동자, 피고용인, 매니저의 눈에 보이지 않는 어떤 시스템 앞에서 해결의 열쇠를 찾지 못하고 자기 목소리를 잃은 듯하다. 이러한 비인간화와 '최적화' 과정이 비극적 상황으로 이어질 수 있음을 기억해야 한다.

프랑스다움을 희망한다는 것은 프랑스의 가치를 희망한다는 말이다. 이 단순한 희망은 수십 년 이어져 온 우리 이민 정책의 핵심이다. 프랑스식 환대 문화는 단지 관대함이나 전통에서 비롯된 것만은 아니며 다른 것을 풍요로운 것, 반드시 필요한 것으로 여기는 단합된 공동체 건설 의지의 산물이다. 또한, 이러한 공동 운명에 기꺼이 참여하고 전적으로 받아들일 준비가 되어 있는 외부 의지이기도 하다.

프랑스에 정착하기 위해 찾아오는 외국인이 매년 20만 명에 이른다. 그중 절반은 유럽 출신이며, 10명 중 3명은 아프리카 출신이다.

망명을 위해 너무 많은 것을 요구하는 현재의 테스트 조건을 개정할 필요가 있다. 관할 기구에 대한 재정비도 필요하다. 프랑스의 보호 대상이 되는 사람들은 환영과 교육을 받을 자격이 있으며, 따라서 방치되어선 안 된다. 그들에겐 그럴 권리가 있다. 그러나 좀 더 빠르고 효과적인 절차는 다른 곳에도 마찬가지로 적용되어야 한다. 난민 혹은 망명의 자격을 얻지 못해 프랑스에 머물 수 없는 사람들이 있다. 그들은 신속하게 국경 밖으로 보내져야 한다.

이 문제에 대해 가식 없이 분명히 해두고자 한다. 난민 대책에 관한 휴머니즘은 끝도 없는 절차를 이어가며 찔끔찔끔 자격을 부여하면서 모든 사람을 받아줄 것처럼 믿게 만드는 것이 아니다. 그런 것이야말로 비인도적인 처사이다. 신청자들을 여러 달 동안 머물게 놓아두고 시간만 끌다가 체류 기간이 만료되었다고 갑자기 그들 대다수를 추방하기 위해 체포하려고 한다. 그런데 그렇게 시간을 끄는 동안 그들은 정착해서 때로는 아이를 낳고 결혼도 한다. 그러면 그들은 추방되지는 않지만 정당한 권리를 얻지 못한 채 불법 체류자 신세로 전락하여 힘든 삶을 살게 된다. 우리의 이민 정책에 분명한 목표와 효율성 부재로 인해 우리가 마땅히 지켜야 할 환대의 전통과는 정반대되는 결과에 이르게 되는 것이다. 우리에게 주어진 역할을 다하고 요구 사항을 빠르게 심사하고 관련자들을 위해 신속하게 결정을 내리는 것이 인도적 행위이다.

또한, 사막과 지중해를 건너온 난민들에 관한 도덕적, 인도적 문제에도 종지부를 찍어야 한다. 이 기회를 빌어 우리에게 잘못이 있음을 말하고자 한다. 프랑스 법에 따르면 난민 신청이 있을 경우 신청 내용을 심사해야 한다. 하지만 신청자들이 합법적으로 프랑스에 입국하도록 허락하지는 않는다. 어찌 됐든 그들은 프랑스로 온다. 그리고 수천 명이 도중에 목숨을 잃는다. 거기에는 우리도 일부 책임이 있다. 망명 심사는 내전 지역에서 가장 가까운 국경 인접 국가에서 이루어지도록 되어 있다. 그곳의 영사관은 아직 그럴 준비가 안 되었다고 말하겠지만, 그렇다면 준비를 해야 한다. 이것은 인간의 존엄성과 동시에 효율성의 문제이기도 한다. 접경 국가들이 우선적으로 난민을 받도록 한 더블린 조약 개정은 심각한 악순환을 낳고 있다. 왜냐하면, 난민들은 접경 국가들이 자신들을 받아들이지 않으리라는 것을 알고 있기 때문에 결국 유럽의 중심 프랑스, 독일, 이탈리아로 밀려들고 있는 것이다.

군이 난민이 아니더라도 우리 사회에 정착하려는 사람들이 거쳐야 하는 절차를 쉽게 고칠 필요가 있다. 우리나라에서 살기를 희망하거나 프랑스 국적을 취득하고자 하는 사람들이 대기 줄에서 몇 시간을 보내거나 이쪽 창구에서 저쪽 창구로 우왕좌왕하면서 원하는 결과를 얻으려고 6개월에서 1년에 걸친 시간을 낭비하는 것은 바람직하지 못한 일이다. 명확한 기준이 마련되면 처리 기간은 2개월에서 최대 3개월 안에 끝나야 할 것이다. 바로 이것이 내가 생각하는 진정한 의미의 환대 국가이다.

환대의 필수 조건은 바로 엄격한 요구사항이다. 우리가 모든 사람을 조건 불문하고 다 받아들일 수는 없다. 왜냐하면, 우리에게는 앞서 언급한 대로 타협 불가한 자유, 즉 반드시 지켜야만 하는 프랑스만의 가치가 있기 때문이다. 프랑스 국민이라면 어느 누구도 남녀평등, 양심과 종교의 자유, 종교를 갖지 않을 자유가 관대함 혹은 이타성이라는 미명하에 때에 따라 달라질 수 있는 자유라고 생각할 수는 없을 것이다. 프랑스가 위대할 수 있는 것은 프랑스를 찾는 사람들에게 바로 이러한 자유를 보장할 수 있을 때이다. 따라서 프랑스에 들어오는 사람이면 누구나 프랑스의 자유와 원칙을 기꺼이 존중하고 나아가 수호하기로 약속해야만 한다. 그럴 때 그들은 이런저런 핑계로 그들의 충성심과 진정성을 의심받지 않고 완전한 사회 정착과 보호를 누릴 수 있게 될 것이다.

나는 프랑스의 가치가 사라지고 있다고 생각하지 않는다. 프랑스는 강한 나라이다. 스스로에 대해 구구절절 변호할 필요는 없다. 우리는 이러하다고 분명히 단언하는 것으로 충분하다. 우리에게 지금 필요한 것은 활력과 생기 그리고 정치적 표현에 확신을 불어넣어 줄 방편, 즉 상상력과 꾸준한 의지와 인내심이다. 또한, 우리에겐 미래에 대한 희망과 애정이 필요하다. 이 모든 덕목은 그동안 잠들어 있거나 마비되어 있었을 뿐 이미 우리 안에 내재되어 있다. 그러므로 아주 약간만 노력하면 화합과 평안을 얻을 수 있을 것이다.

13

어떻게 국민을
보호할 것인가

어떻게 국민을 보호할 것인가

국가적 안보 위기를 비판하며 목소리를 높이는 정치인들이 한 둘이 아니다. 전국 방방곡곡에서 그런 이야기가 들린다. 그러나 그들은 틀렸으며 국민을 오도하고 있다고 나는 확신한다.

물론 국가적 시련과 역사에 기록될 비극적 참사를 겪은 것은 사실이다. 가증스러운 테러 행위로 온 나라가 충격을 받았으며 사회 전체가 큰 혼란에 빠지기도 했다. 또한, 세계 흐름의 변화로 불안정한 처지에 놓인 것도 인정한다. 하지만 프랑스는 모래 위에 지어진 성이 아니다. 여러 세기에 걸쳐 우리는 세계에서 가장 앞선 나라 중 하나였다. 지금과는 비교할 수 없을 정도로 훨씬 어렵고 힘든 시련도 모두 극복해 왔다. 우리 국민은 역동적이며 시련 앞에서 뛰어난 단결력을 발휘할 뿐만 아니라 눈부신 문화 유산과 타의 추종을 불허하는 의지력을 가졌다.

새로운 위협 앞에 놓인 국민을 안심시키는 일은 오늘날 우리 정치인들에게 주어진 당연한 임무이다. 국민을 보호하는 것이 국가의 역할이다. 두려움에 맞서 국민의 자유를 지켜야 한다.

프랑스는 현재 이슬람 원리주의 다에시에 결연한 자세로 맞서 싸우고 있다. 여기에 더해서 몇 년 전부터는 폭력과 비상식적 행동이 일상에서 목격되고 있으며, 일부 구역에서는 긴장감도 한층 고조되어 있다. 대적해야 할 문제가 한두 가지가 아니며 따라서 우리는 끊임없는 위험에 노출된 채 살아가야 할 상황이다.

오늘날 우리 사회를 현혹시키는 가장 경계해야 할 헛된 망상 중 하나는, 담을 쌓고 권리를 박탈하고, 개인 신상을 조사하고 수용소를 만들고, 1789년 발표된 인권 선언의 폐기와 조롱을 통해 악을 물리칠 수 있다고 믿는 것이다.

위기 타개를 위해 제안된 내용 중에는 무의미하거나 우려스러운 부분이 여럿 있는데 그 상당수는 국내 테러 이후 선거용으로 이용하기 위해 급조된 것이다. 우려스러운 상황에도 불구하고 다른 분야에서와 마찬가지로 우리 국민들은 침착함과 강인함 그리고 일부 정치권특히 전통적 우파의 사상을 극우파의 사상과 엮으려는 자들의 무모한 선동을 단호히 거부하는 결연함을 보여 준다. 이러한 때에 뿌앵카레와 드골의 계승자임을 자처하는 우파 후보들은 학교 급식, 교복의 길이, 프랑스 국적 취득 혹은 박탈 방법 등 부차적인 문제에만 관심을 쏟으며 비생산적 논쟁을 벌이고 있다.

그들이 제시하는 이러저러한 제안들이 어떤 장점이 있는지는 차치하고, 그들의 이런 행동은 정치 책임자로서 무책임한 태도이며 동시에 도덕적 과오이며 역사적으로도 이치에 맞지 않는 것이다.

어떤 나라도-특히나 프랑스에서는 더더욱-나라의 근간을 이루는 법률과 정신을 저버린 채 고난을 극복한 예가 없음을 기억해야 한다. 모든 투쟁의 밑바탕에는 자긍심과 확신 그리고 포기하지 않는 불굴의 의지기 깔려 있다. 실용적 차원에서 엄밀히 따져 보았을 때, 대테러 무기만으로도 충분히 대비가 가능하다. 거기에 또 다른 예외 법률이나 감금 조항 같은 것을 추가할 필요는 없다. 더군다나 국민의 자유와 개인의 존엄성을 억압한다고 해서 안전이 확보된다는 증거도 전혀 없다. 사형 제도를 폐지하고 수감자에게 변호사 접견을 허용한다고 해서 범죄가 더 늘어나지도 않았듯이 말이다. 위에 언급한 허무맹랑한 대책들은 효율적이지도 않을뿐더러 그 자체로 해로운 논쟁이다. 이 논쟁의 끝에 남는 것은 위기에 빠진 프랑스일 뿐이며 결국 우리는 헤어나오기 어려운 모험을 감수하게 될 것이다.

어떤 사람들은 요주의 대상자로 지목된 이들을 감금해야 한다고 주장하기도 한다. 우리 사회에 해악을 끼치지 못하도록 막아야 한다는 이유에서다. 그러면서 기본권 침해에 대한 우려를 가라앉히기 위해 그들은 이렇게 말한다. "특별히 위험하다고 분류된 사람들만 그 대상이 될 것"이라고 말이다. 하지만 그 위험성을 어떻게 측정할 것인지에 대해서는 입을 다문다. 심지어 우리 정보기관마저 그러한 대책에 부정적이라는 사실에 대해서는 침묵한다. 그렇다고 해서 프랑스 정보기관이 온정주의적이라거나 아마추어라고 비난하는 사람은 없다. 위험한 대책으로 위험을 방지할 수는 없음을 알아야 한다. 요주의 대상자를 무조건 잡아 가두는 것은 우리 정보기관의 업무 효율성을 빼앗을 뿐 아니라 특히 법치국가인 프랑스를 경찰국가로 뒤바꾸어 버리는 결과를 낳게 될 것이다. 비효율적인 동시에 비민주적이다.

우리는 프랑스다. 다른 나라가 아니다. 우리가 길을 잃지 않는 한, 지금과 같이 어려운 시기에 우리의 길이 아닌 다른 길을 갈 수는 없다. 우리가 지켜야 할 자산은 프랑스의 발자취, 프랑스의 미덕, 역사에 새겨진 프랑스의 사명이다. 바로 이러한 덕목으로 인해 결정적 순간에 중요한 문제에 대한 프랑스의 메시지가 전 세계로 전달될 수 있게 되는 것이다. 그 메시지는 바로 인간의 존엄성에 위배되는 모든 종류의 증오에 맞선 저항이다.

그것이 바로 프랑스의 정체성이다. 자신이야말로 국가의 정체성을 대변하는 적임자임을 자처하면서도 프랑스의 신념과는 동떨어진 자신의 착각일뿐인, 동시에 국가의 격을 떨어뜨리는 주장을 앞세우는 사람들을 볼 때면 그저 어안이 벙벙해진다.

그들의 선동에 휩쓸리지 않고 프랑스의 가치를 지키기 위해서 가능한 한 이른 시일 내에 국가비상사태에서 벗어날 수 있는 출구를 다함께 준비해야 한다. 현재의 국가비상사태는 연속적인 테러로 인한 불가피한 조치였다. 국가비상사태 선포 없이 평상시의 체제하에서였다면 신속한 대테러 대책이 취해지지 못했을 것이다. 어떤 불행한 상황이 재발하더라도 결코 국가비상사태가 두 번 다시 선포되어서는 안 된다고 주장할 생각은 없다. 다만 이 조치가 기약 없이 무한 연장되는 것은 사태를 해결하기보다 오히려 더 키우는 것이라고 생각한다. 비상 체제하에서 계속 살아갈 수는 없는 일이다. 우리의 보통법이 이미 국회에서 한층 강화 보완되었으므로 이제 비상 체제를 벗어나 보통법 체제로 돌아와 적절하게 상황에 대처해 나가야 한다. 우리는 이미 적당한 시간 내에 상황에 맞게 대처할 수 있는 모든 법적 장치를 갖추고 있다.

이런 견해가 국가의 기본 원칙에 반하는 행동이나 종교적 행위에 대해서 너그러움을 보여야 한다는 의미는 결코 아니다. 다만 테러리스트들에 의한 사회 분열을 막을 수 있는 유일한 방법은 그들에게 변명의 빌미를 제공하지 않는 것이다. 그러려면 신뢰를 기반으로 한 플랜을 마련하고 그 플랜을 중심으로 모든 시민사회가 뭉쳐야만 한다. 그리고 이 신뢰가 배반당할 때 그에 대한 처벌은 단호하고 엄격해야 한다. 극소수 선동가들의 주장에 따라 프랑스 국민의 상당수를 단지 의심스럽다는 이유만으로 죄를 짓기도 전에 가두는 것은 최악의 선택일 뿐이다.

또한, 걸핏하면 법으로 해결하려 하고 끊임없이 기존의 형법을 개정하려 드는 자세로부터 벗어날 필요가 있다. 차라리 경찰과 사법 조직의 구조와 수단의 개혁, 그리고 국회를 통한 이들 조직의 비판적 점검이 선행될 때 보다 성공적인 효과를 거둘 수 있을 것이다.

국가가 책임지고 보장해야 할 제1의 자유, 즉 개인의 안전을 지키기 위해서 어떻게 해야 할 것인가?

군사력은 최후의 방편이다. 군대는 청년들을 손쉽게 통솔하기 위한 방편도 아니고 국가 질서 유지 병력도 아니다. 군대의 궁극적 목적은 전쟁이다. 상당수 정치 지도자들이 국내 문제에 군 병력의 개입을 꾸준히 요구하는 것은 과거 여러 시민 행정부가 제대로 해내지 못했던 개혁과 구조조정이라는 매우 막중한 임무를 국민의 찬사 속에 수행해 냈던 사람들에 대한 경의의 표현일 것이다. 그렇다 하더라도 군대는 국내 안전 조항 미비나 교육 시스템 결함을 보완하기 위해 존재하는 것이 아니라는 점은 변함이 없다. 군대의 임무가 제한적으로 확대될 수는 있다. 의무 조항, 투입 기간, 권한 등에 대한 개입 조건을 심사숙고 후 예비 병력 작전을 전개할 수 있을 것이다. 하지만 대테러 병력이 이면의 검은 의도를 감추려는 목적으로 이용된다면 매우 위험하고 용납될 수 없는 일이다.

국내에 1만여 명 가까운 병력이 투입되었던 센티넬 작전은 국토를 방어하고 국민을 지키기 위해 필요한 작전이었다. 이 작전을 수개월 이내에 종료하는 것은 현실적이지도, 바람직하지도 않다. 센티넬 작전 후에도 우리 병력을 현재의 규모로 유지하는 한편 추가 채용을 통해 헌병대를 강화하기 위한 과도적 단계 준비에 하루빨리 착수해야 한다.

좀 더 폭넓게 보자면, 현재의 국내 치안 장치는 프랑스 국민에 대한 테러 위험이 심각하지 않았던 시기에 만들어진 것이다. 당시에는 범죄 유형도 지금과는 많이 달랐다. 테러에 효과적으로 대처하기 위해서는 일반 범죄와는 근본적으로 차별화된 원칙과 논리가 적용되어야 한다. 국민과의 신뢰 관계를 돈독히 강화해야 한다. 대테러 투쟁은 우리 영토 안에 질서 유지 병력을 지속적으로 필요로 하며 우리 국민들 바로 곁에서 활동이 이루어진다. 왜냐하면, 정보를 수집하고 위험 인물을 찾아내 추적하기 위해서는 시민 속으로 섞여 들어갈 수밖에 없기 때문이다.

실제로 대테러전은 무엇보다 첩보전이다. 치밀하고 은밀한 경찰 활동이 필요하다. 감시하거나 도청하려는 대상을 감금해 놓고서는 그런 활동이 불가능하다.

치안 병력 임무와 관련하여 과거 우리가 저지른 실수가 있었으며 그 실수가 아직은 제대로 복구되지 않았음을 인정해야 한다.

첫째, 경찰 병력 조직에 관해 우리가 오해한 부분이 있었고, 그 결과 오늘날 우리가 활용할 수 있는 대테러 정보 수단이 거의 사라지게 되었다. 이는 아주 잘못된 선택이었다. 왜냐하면, 대테러망 작전 효율성의 상당 부분이 도시, 특정 구역 차원 정보 수집력에 기반을 두기 때문이다. 그러므로 최근 몇 년간 이루어진 개혁 이상의 국토 전반에 적용 가능한 정보수집 체계를 구축해야 한다. 그리고 인터넷에 올라와 있는 정보와 여러 기관에서 수집된 자료를 효과적으로 이용할 수 있는 체계가 제대로 갖추어져 있지 못한 것 또한 큰 문제이다. 기관별 업무 조정을 통해 임무를 명확히 구분하는 것은 필수적이지만, 그것과는 별개로 영국과 미국처럼 수집된 자료의 대량 처리 센터를 창설할 필요가 있다. 이 센터는 개인에 대한 현장 정보 보완책인 고급 디지털 정보를 한 곳으로 모아 분석 후 국방위원회에 직접 보고하게 될 것이다.

우리가 안고 있는 또 다른 문제는 자치경찰Police de proximite 제도의 폐지에서 비롯된다. 이 제도는 이념적 결정에 따라 십수 년 전에 폐지되었다. 리오넬 로스팽 전 총리와 장-피에르 슈벤느망 전 장관에 의해 설치된 자치경찰 제도는 풍자만화가 묘사했던 것과 같은 관용적 유토피아도 커뮤니케이션의 도구도 아니었다. 무슨 이름을 붙이든 상관없다. 중요한 것은 시민들 가까이에 머물 수 있는 경찰 조직을 하루빨리 재건해야 한다는 것이다. 물론 당시와는 달라진 새로운 환경을 고려해야 할 것이다. 예를 들면 일부 지역에서 발생하는 폭력과 범죄의 질이 20여 년 전보다 훨씬 나빠졌다. 특히 경찰과 사법기관의 유기적 관계가 보다 효과적으로 이루어질 수 있도록 감독해야 한다.

이 새로운 자치경찰 조직이 제 궤도에 오를 때까지 시간을 주어야 한다. 그리고 인적, 재정적 지원을 제공하여 안정적이고 지속적으로 임무를 수행할 수 있도록 도와야 한다. 국민과의 신뢰 관계를 쌓을 수 있도록 도움을 주어야 한다. 자치경찰제 재도입은 프랑스의 나약함이 아니라 통찰력을 보여 주는 것이다. 왜냐하면, 경찰그리고 헌병대은 자국에 대한 한층 깊은 지식을 쌓고 시간을 두고 필요한 정보를 수집하여 필요할 경우 급진화되고 있는 위험 인물을 조기에 색출할 수 있기 때문이다.

경찰제도의 개혁은 빠른 구조조정과 추가 재원을 요구한다. 이미 결정되어 활동하는 9,000명 외에도 1만 명의 경찰공무원과 군경찰이 향후 3년 이내에 더 충원되어야 할 것이다.

그러나 이것만으로는 비리샤티용에서 경찰을 상대로 한 테러 발생 이후 길거리로 쏟아져 나온 경찰 시위대가 지적한 문제점을 모두 해결할 수 없다.

많은 경찰은 자신의 근로 여건이 상당히 열악하다고 느끼고 있다. 예산 부족을 이유로 필수 장비도 없이 지난 몇 년간 충원이 이루어지지 않아 인원도 부족한 상태에서 근무한다는 것이다. 일부 지역이 서열상 뒷전에 방치되고 있다는 느낌은 현장에 근무하는 이들로서는 용납될 수 없는 분노로 이어지기도 한다.

여기에서도 우리는 사법 수단 부재의 직접적 결과를 볼 수 있다. 법적 처벌이 부족해 보이는 이유는 사법적 조치나 형무 행정이 특히 최빈민 지역에 대해서는 관용적이기 때문이다. 그런데 일부 지역에서 보듯이 만약 처벌이 2년 이내 징역형일 경우 검찰이 수감 영장을 아예 청구하지 않는 관행이 굳어지면 이는 형사 처벌 전체의 신뢰도가 의심을 받는 결과로 이어진다.

사법기관의 판사, 검사 등 치안 질서 유지 책임자가 특정 임무에만 집중할 수 있다면 좋겠지만, 지금으로선 모든 종류의 범죄에 대처할 여력이 없다.

정치권에선 한 치의 양보 없는 단호한 대처를 주문하고 있지만 이는 현실을 모르는 이야기이다. 이는 그렇지 않아도 가장 힘든 조건에서 일하는 경찰, 사법기관, 형무행정기관 공무원들에게 더 많이 더 열심히 일하라고 다그치는 것이다. 우리가 해야 할 일은 그들에게 일할 수 있는 충분한 환경을 제공해 주고 범죄 소탕 및 무법지대 해소를 우선순위에 두는 것이다. 그러나 다른 한편으로는 형사 처벌의 목적에 대해 솔직하고도 진지한 고민이 있어야 한다. 형사 처벌을 통해 기대하는 것은 무엇인가? 법을 위반한 자를 오랜 기간 사회로부터 격리하는 것이 사회적으로 항상 바람직한 것만은 아니다. 예를 들어 절도의 경우 다른 추가 가중 상황이 없다면 3년 징역형에 처해진다. 그런데 만약 절도물의 가치가 일정 수준 이하라면 차라리 피해자에 대한 강제 배상 및 벌금형이 낫지 않을까? 마찬가지로 대마 소지 및 흡연량이 일정량 이하일 경우에도 일부 도로교통법 위반의 경우처럼 예를 들면 자동차보험 미가입 경범죄 재판소 소관으로 돌리는 것이 좋지 않을까? 이런 종류의 법 위반 행위는 경범죄로 다스려도 충분할 것이다. 논의해 볼 여지가 있다고 생각한다.

이런 문제가 나오면 관용주의적 대처를 덮어 놓고 비판하는 사람들이 있지만 나는 그런 의견에 동의하지 않는다. 난폭한 운전 기사나 약물 중독자에 어떠한 동정심도 갖고 있지 않지만, 내가 하고 싶은 말은 경찰이나 법조인 같은 현직 전문가들의 의견을 경청할 필요가 있다는 것이다. 그들에 따르면 대마 흡연을 무조건적으로 처벌하는 것은 무의미하며, 차라리 무거운 벌금을 부과하는 것이 경찰이나 사법기관 입장에서도 훨씬 경제적이라고 한다. 또한, 어차피 실제 적용되지도 않을 징역형보다 범죄 억제 효과도 그 편이 더 뛰어나다고 그들은 말한다.

그 대신 일단 사법적 처벌이 선고된 후에는 판결된 그대로 즉시 실행되어야 한다. 현행 제도하에서는 재판관이 피고인에 대해 징역형을 선고하더라도 곧 또 다른 재판관이 이 판결을 검토하고 다른 대체 처벌 방안을 고려한다. 이런 시스템이 무슨 의미가 있겠는가? 지금과 같은 시스템은 피해자나 일반 시민은 물론 범죄자로서도 이해하기 어려운 제도이다. 징역형이 언도되면 피고인은 즉시 구금되어야만 한다. 법원의 판결은 사법부의 목소리이며 공권력의 권위를 담고 있으므로 그 무게가 가벼워서는 안 된다. 또한, 우리가 간과해선 안 되는 부분이 바로 예방책이다. 우범지대 청소년들이 범죄에 빠져들 통로를 차단하여 범죄-감옥-재범의 악순환에 빠져들지 않도록 옆에서 도와주고 지원해 줄 보호자교육기관 혹은 사회단체를 배치하여 사전에 범죄를 예방하자는 것이다.

사법부와 경찰력이 제 기능을 다 하려면 국가의 재정 지원이 동반되어야 한다. 국가는 그 문제에 대한 약속을 어느 정도 지속성을 유지하며 지켜야만 한다. 10여 년 전부터 국가 정책은 그때그때 상황에 따라 끊임없이 급변하면서 불안정하기 짝이 없다. 따라서 정책의 지속성을 우선순위로 두고 5개년 계획에 따라 5년 주기의 정책을 제안하고 수행해야 할 것이다.

마지막으로 국가의 대책이 효과를 거두려면 사회 전체의 책임감을 동시에 고취시켜야 한다. 국민 개개인이 우리 사회의 안전을 위해 각자 자신의 자리에서 맡은 책임을 다해야 한다. 불신 사회를 조장하려는 것이 아니라 정부가 국가 안전의 유일한 책임자가 아니라 사회 구성원 모두가 공동 책임자라는 생각을 가져야 한다는 의미이다. 자신의 주변에서 일어날 수 있는 위험에 관심을 가지고 살펴보는 것이 국민들의 역할이다. 사회 단체는 청년들을 적극 받아들여 활동에 동참시키고, 교수들은 학교를 졸업하는 학생들을 책임지며, 기업인은 각종 세미나를 조직하면서 사회 구성원으로서의 사회 안전에 대한 역할을 다할 수 있다. 또한, 언제라도 발생할 수 있는 우발적 혹은 잠재적 일탈 행위에 우리 모두 더 높은 경각심을 가져야 한다. 그뿐만 아니라 응급 조치 방법에 대한 교육과 폭력 발생 시 대처 방법과 경찰에 신고하는 방법에 대한 교육이 반드시 이루어져야 한다.

　　이런 상황에서 군사 작전 예비 병력이 유일한 해결책은 아닐지라도 중요한 역할을 할 수 있다. 그렇다고 해서 모든 국민을 대상으로 한 의무병역제의 부활을 주장하는 것은 아니다. 의무병역제의 부활은 우리 젊은이들에게 바람직하지 않으며 현행 직업군인 제도에 맞지도 않다. 대신 자발적으로 지원하는 3만~5만 명 정도의 청년을 예비군 형태로 따로 구성하여 운영한다면 하나의 해결책이 될 수 있을 것이다.

14

우리의 운명을
스스로 결정한다

Emmanuel Macron Revolution

우리의 운명을 스스로 결정한다

원하든 원하지 않든 우리는 세계화 시대에 살고 있다.

수백만 명에 이르는 프랑스 국민이 해외에 거주하거나 여행을 간다. 또한, 세계 전 대륙에 프랑스 영토가 존재하며 지구촌 곳곳에서 프랑스어가 사용된다.

이와 마찬가지로 우리 안에 세계가 있다. 수천만 명의 외국인 관광객이 매년 프랑스를 방문하며 200만 명에 이르는 프랑스 국민이 외국 기업에 근무한다. 우리나라 전역에 2만 개 이상의 외국 기업이 진출해 영업을 하고 있다. 특히 수백만 프랑스인이 세계화를 주도하는 산업 분야에 종사한다. 뚤루즈에서 에어버스를 생산하거나 마리냔에서 헬리콥터를 생산한다면, 그리고 벨포르에서 터빈을, 깔레에서 잠수함을 생산한다면 이는 곧 해외 고객을 위해 일하는 것이고 다시 말해 세계화 조류에 의존해 살아가고 있다는 뜻이다.

현대를 살아가는 우리들에게 닥친 커다란 도전은 동시에 국제적 문제이기도 하다. 테러, 이민 등이 바로 그런 문제에 해당된다. 그리고 생물 다양성 보존이라든가 기후 문제 해결에 있어서도 당연히 공동으로 대처해 나아가야 한다. 지금 진행되고 있는 모든 변화들이 우리와 우리 아이들에게 직접적인 영향을 미칠 것이기 때문이다. 우리가 함께 나서지 않는다면 인류 제1의 공동 재산인 지구는 각종 질병과 분쟁으로 서서히 병들어 가고 말 것이다.

모두가 잘 알다시피, 세계 문제에 무관심한 채 살아갈 수 없다. 왜냐하면, 우리가 바로 그 세계의 일부이며 우리가 펼치는 국제 활동이 바로 우리 모두의 운명을 결정 지을 중요한 열쇠이기 때문이다.

프랑스는 언제나 다른 나라, 다른 사람들에 대한 관심을 놓지 않았다. 때로는 이것이 남들의 눈에 못마땅하게 비춰지기도 한다. 하지만 이는 동시에, 어쩌다 프랑스가 이러저러한 문제에 의견을 표명하지 않고 침묵을 지킬 때 이웃 국가들과 파트너들이 "프랑스는 뭐하고 있지? 프랑스의 의견은 뭐지?"라고 궁금해하는 이유가 되기도 한다. 우리 프랑스의 꿈은 언제나 동시에 전 세계의 꿈이기도 했다. 동방정교가 위협받았을 때 행동에 나서고, 리비아 벵가지 주재 미영사관 공격에 슬퍼하고, 시리아 알레포 공격에 따른 희생과 말리 팀북투에서 자행된 범죄에 분노한 나라는 프랑스 외에 별로 없다.

세계의 꿈이 우리의 꿈이라는 생각은 오랫동안 우리나라에 주어진 특별한 소명이 있다는 생각으로 이어져 왔다. 세계의 진전에 길을 밝혀 주고, 보편적이며 인류애적인 메시지를 세상에 전파하며, 다른 나라들이 우리와 같이 발전하고 우리의 모델을 따를 수 있도록 이끄는 소명이 바로 그것이다. 그런데 현재 진행되는 세계화의 추세는 우리의 생각과는 다르게 가는 듯하다. 그리고 때로 우리가 추구하는 가치와 어긋나기도 한다. 그 결과 우리는 의심하며 문을 걸어 잠그려는 생각을 하기도 한다. 때로는 변심하여 탈퇴하거나 포기하려는 자들의 시도에 마음을 다치기도 한다. 국민들의 그런 두려움과 무지를 나는 이해한다. 세계의 일탈에 분노하는 목소리도 있다. 그러나 프랑스가 인류 보편적인 고유의 소명을 망각한다면 그것은 결코 프랑스답지 않은 일이라고 생각한다.

우리에게는 무엇보다도 우리의 역사가 있다. 세계 모든 대륙에 부속 영토를 보유한 과거 식민 강대국이다. 우리 언어를 전세계 2억 7,500만 인구가 사용하며 아프리카 대륙, 중동 국가들과 특수한 관계를 맺고 있다.

우리는 해양, 외교, 군사적으로 세계 강대국 중 하나이다. 유엔 안전보장이사회 다섯 개 상임이사국 가운데 하나이며 브렉시트 이후 안보리의 유일한 유럽연합국 회원이기도 하다. 우리는 또한 핵 보유국이며 전 세계에 군병력을 파견할 능력을 갖추고 있다. 다시 말해 우리에게는 우리가 담당해야 할 역할이 있으며 동시에 지금보다 더 많은 책임감을 보여 주어야 한다는 뜻이기도 하다. 따라서 나는 유엔 활동 범위 내에서 프랑스가 세계 문제에 적극적으로 개입해야 한다는 데 동의한다. 이것은 다자주의적 우리 역사관에 부합하며 또한 더욱 효과적이기도 하다. 그뿐만 아니라 이러한 활동을 통해 어떤 구체적 연합 관계로도 얻기 힘든 국가적 안정과 균형을 실현할 수 있다.

우리에게는 세계의 모범이 되어야 할 의무가 있다. 과거 역사를 통해 프랑스가 어떤 영향력을 끼칠 수 있었다면 그것은 우리가 비폭력적이며 독자적인 국가로서 세계적으로 확실한 지지를 받고 있었기 때문이었다. 조지 W 부시 미국 대통령과 토니 블레어 영국 총리의 대이라크 모험에 동참을 거부했을 때가 바로 그 경우에 해당된다. 그러나 안타깝게도 지금의 프랑스는 과거에 비해 이미지가 좋지 못하다. 국가 내부의 여러 논쟁거리가 정확히 전달되지 못하면서 우리의 이미지에 부정적 영향을 주기 때문이다. 프랑스군의 말리 주둔이 현지 일부 아프리카 청년들에게 불신을 사고 있으며, 리비아와 사하라사막 남부 사헬에 대한 개입은 진의를 의심받고 있는 것이 사실이다.

약간의 현실 감각이 필요하다는 점을 우리 모두가 인정한다면 좋겠다. 국내 문제와 국제 활동을 완전 별개로 볼 수는 없다. 국가적 상황이 바뀌었는데도 국제무대에서 우리의 공식적 발언이 여전히 똑같다는 사실에 놀라지 않을 수 없다. 우리가 전 세계 모든 문제에 개입할 만큼 충분한 재정적 군사적 여력이 있다고 도대체 누가 믿겠는가? 과연 우리가 계속해서 해결책을 제시하고 훈계하고 질책할 수 있을까? 우리의 재정 상태가 건전하고 우리가 개입했던 모든 문제가 성공적이었으며, 우리의 지도자들이 국민의 신임을 받고 우리 국가의 평판이 그토록 훌륭한지 생각해 볼 일이다. 우리의 국내 여건을 생각하지 못하고 국제사회에서 목소리를 높이며 개입하는 것은 위험할 뿐 아니라 오히려 비웃음을 살 수도 있는 실수가 될 것이다. 행동이 효과가 있으려면 우선 현명해져야 한다.

또 다른 극단주의로 치닫는 사람들도 있다. 적지 않은 사람들이 프랑스가 지금까지 지켜 왔던 고유의 입장과 자세를 버리라고 요구한다. 우리나라가 강대국도 아니고 다시 회복될 기미도 없다며 유럽연합도 해체하고 나토에서도 탈퇴해야 한다는 것이 그들이 내세우는 주장이다. 그러나 이런 태도는 옳지 않다. 우리는 자유, 인류애, 정의와 명예를 중시하는 프랑스 고유의 입장을 국제무대에서 계속 유지해야 한다. 그렇다고는 해도 현실을 무시할 수는 없다. 우리 스스로 먼저 효율성과 도덕성, 긴축 재정을 위한 노력을 기울이면서 국제사회에도 지속적으로 같은 요구를 해야 할 것이다. 그렇기 때문에 유럽 내에서, 특히 독일과의 전략적 대화 시 우리가 더욱 적극적 행동을 보일 필요가 있다고 나는 주장한다. 스스로에 대해 더욱 엄격해지고 바깥 세상에 대해서는 좀 더 공정한 태도를 보일 필요가 있다. 너무 오랫동안 우리는 우리가 그토록 사랑한다고 주장해 왔던 국민들의 안위보다 무기 판매나 관광 단체로부터 얻는 수익 혹은 우리에 대한 좋은 평판 등에 더 신경 써 왔던 것이 사실이다. 또한, 우리가 소중히 여기는 가치와 정반대되는 독재 체제를 지지했거나 지금도 지지하고 있다.

세계 공동체와 더불어 건설적 대화를 모색할 수 있는 프랑스만의 특별하고도 독립적인 입장을 지켜야만 한다. 우리와 의견을 달리하는 상대와 대화하는 것이 외교 본연의 임무이기도 하다. 그러나 이런 대화가 우리의 가치를 훼손하거나 지나친 양보, 상대의 환심을 사려는 방향으로 가서는 안 된다. 현실과 원칙은 어느 하나 더하거나 덜함이 없이 모두 중요하다. 그리고 그 둘을 추구하는 과정에서 겸손한 자세는 우리에게 나쁠 것이 없다.

지난 20년간 이루어진 프랑스 군사 작전에 대한 객관적 분석 역시 중요하다. 정치권은 군사 작전의 스캔들이나 감정적 문제에만 몰두하고 있지만 군사 작전 과정과 같은 조직적 문제를 둘러싼 총체적 평가가 필요하며 동시에 효과적인 통제 방법에 대해 논의하고 대처할 부분이 분명히 있다.

시선을 다시 현재 우리 현실로 돌려보자. 우리의 운명을 우리 스스로 컨트롤하기 위한 첫 번째 조건은 외부로부터 우리의 인권을 지키는 것이며 이는 다시 말해 우리의 적 다에서 그리고 다에시와 관련된 위협에 맞서 모든 수단을 총동원하여 싸우는 것이다. 테러리즘과 이슬람 근본주의가 프랑스 국경 남부와 동부 지역에서 세를 확장하고 있다. 따라서 우리의 외교적 군사적 활동은 아프리카 북서부 마그레브와 지중해 유역 안전을 확보하는 데 맞추어져야 한다.

현재 우리가 우선순위를 두어야 할 부분은 이라크 북부 모술 지역과 시리아 북부 락까에서 벌어지고 있는 IS와의 전투에서 승리하는 것이다. 알레포 전투에서 벌어진 것과 같은 민간인 대량 학살을 막아야 한다. 중동 지역, 특히 프랑스인과 심정적으로 매우 가까운 나라이며 내전과 망명으로 얼룩진 레바논의 안정 역시 매우 중요하다. 이들 지역에 대한 프랑스 병력 주둔은 반드시 필요하며 정당하다. 그러나 우리의 모든 활동은 역시 UN의 활동 범위 내에서 이루어져야 할 것이다.

　하지만 우리가 아무런 정치적 비록 일시적일지라도 해법에 이르지 못한다면 이들 지역에서의 군사적 충돌은 그 출구를 찾지 못할 수도 있다. 만약 어떠한 정치적 타협의 가능성도 없다면 과연 이들 지역에 대한 군사적 개입이 타당한가에 대해 나는 매우 조심스러운 입장이다. 지난 15년간 이라크와 리비아에서 보았듯이 그 대가는 막대할 수밖에 없다. 프랑스와 프랑스의 우방국들은 현재나 미래의 위기에 대처할 때 이점에 대해 신중하게 고려해야 한다.

　시리아에서 프랑스는 외교적 군사적 책임을 다했으나 러시아와 미국에 의해 각기 다른 이유로 점차 고립되는 양상을 보였다. 한편 터키, 이란 그리고 몇몇 걸프만 국가들은 각자 자국의 이익만을 대변할 뿐이었다. 모든 관련국 사이에 책임의 균형이 이루어질 때 그 지역의 평화도 정착될 수 있을 것이다. 이 점에 관해서는 독일의 태도도 우리에게 영향을 미칠 수밖에 없다. 두 나라가 함께 행동할 때 더 큰 효과를 기대할 수 있을 것이다.

리비아 문제에 대해서는 솔직히 우려를 감추기 어렵다. 사헬 지대 테러 단체와 알카에다 가담자들이 바로 리비아로부터 흘러 들어온 사람들이기 때문이다. 다른 곳에서 세력이 약화된 다에 시가 리비아를 후방 기지로 삼으려 시도하고 있다. 또한, 대다수의 난민과 이주자들이 이곳을 떠나 유럽으로 밀려든다. 만약 리비아가 테러리스트들에게 점령된다면 이는 커다란 비극으로 이어지게 될 것이 뻔하다. 우선 현지 주민들이 큰 피해를 당할 것이다. 그런 다음엔 유럽 대륙으로 향하는 난민들의 이주 행렬 압박이 커질 것이다. 이는 결국 리비아 동부 산유 지대를 다에시에 넘겨주는 결과로 이어져 이웃 국가들, 특히 튀니지에 심각한 위협으로 작용할 것으로 보인다. 아랍의 봄 이후 중요한 정찰병 역할을 하고 있는 튀니지의 민주주의는 아직 취약한 상태이다. 이같은 이유로 나는 앙 마르슈! 정당 대표로서의 첫 번째 해외 방문지로 튀니지를 선택했다. 리비아에서 우리가 해야 할 일은 현지 동맹국들과 함께 움직이는 유럽 차원의 외교적 활동이다. 사실상 우리는 알제리와 이집트의 역할에 기대를 걸어야 할 것이다. 이들 국가는 중·단기적으로 우리와 같은 관심사를 나누고 있기 때문이다.

위의 모든 이유로 인해, 아랍과 지중해 유역의 정치 문제는 우리 프랑스 외교 정책의 중심에 놓일 수밖에 없다. 프랑스만의 독자성이라는 우리의 역사적 맥을 유지하면서도 주변 지역 국가들과 긴밀하고도 지속적인 관계를 이어 나가야만 한다. 사우디아라비아, 카타르와의 관계는 정치적인 동시에 경제적이어야 한다. 지역 불안정 유발 집단을 지원하는 이들 국가와 국민 문제를 포함한 모든 주제가 함께 논의되어야 한다. 한편 이란의 경우 2015년에 합의한 핵개발 프로그램을 엄격히 준수한다는 조건 하에 이 나라가 국제사회에 복귀하고 경제 개발에 나설 수 있도록 지원해야 한다. 장래에 핵무기 보유 국가가 된다면 핵무기 비확산 정책의 효력 자체가 위협받을 수 있기 때문이다. 터키, 이집트, 사우디아라비아 등 다른 나라들도 같은 길을 가려고 할 수 있는 것이다. 그러므로 군사적 옵션을 선택하지 않더라도 미래의 강대국이 될 수 있다는 점을 이란에게 이해시키는 것이 중요하다. 이란으로서도 강력한 영향력을 가지고 평화 중재자 역할을 할 수 있는 경제 대국으로 자리 잡기를 희망할 것이다.

이스라엘은 외교, 경제 우방이다. 이스라엘의 민주주의가 유지될 수 있도록 관심을 가지고 지켜보아야 한다. 하지만 동시에 우리는 팔레스타인을 국가로 인정할 때 지속 가능한 평화가 가능하리라는 점을 알고 있다. 식민지화 정책은 잘못이다. 오슬로 협정 정신을 되살려야 한다. 프랑스는 성지와 관련된 유네스코 결의안에 처음에는 찬성했다가 이후 기권하면서 우려를 불러일으켰다. 유네스코의 결의안은 성지에 대한 이슬람의 입장을 반영하고 유대교와 예루살렘의 역사적 관련성을 부인하는 내용을 담고 있다. 프랑스는 모든 종교에 대해 존중하는 자세를 가지고 관련국 간 평화적 공존을 촉구해야 할 것이다. 현재 그곳에서는 정반대의 상황이 벌어지고 있다. 사방의 강경파들이 성지를 둘러싼 역사적 논쟁 속에 우리 모두를 가둬 놓은 형국이다. 하루빨리 이런 논쟁으로부터 벗어나야 한다.

터키를 상대할 때에는 유럽식 접근 방식을 취하는 것이 좋을 것이다. 터키가 정치적 자유를 억압하고 독재 체제로 옮겨가는 것을 막기 위해서는 유럽식 모델을 받아들이도록 유도하는 것이 유일한 방법일 수 있다고 본다. 지역 안정을 고려할 때 터키는 안보, 지리, 경제적으로 유럽과 가까이 지내야 하지만 낙관은 금물이다. 왜냐하면, 에르도안 대통령 체제의 터키는 예측할 수가 없기 때문이다.

모로코, 알제리, 튀니지와의 역사적 관계를 고려할 때 마그레브가 프랑스 내에서 독자적 지위를 차지하고 있는 것은 당연하다. 수백만에 이르는 프랑스 국민이 이들 나라 출신이며 그들은 지금도 자신의 출신 국가와 매우 강한 관계를 유지하고 있다는 점을 간과해서는 안 된다. 과거 역사를 공유하고 있는 이들과 함께 우리의 미래를 건설하는 것은 매우 중요하다. 실제로 우리는 안보, 경제, 환경이라는 주제 앞에서 같은 문제를 안고 있다. 이 중 상당 부분은 유럽-지중해 연안 국가 차원에서 논의가 이루어져야 할 문제이다.

지중해 연안 공동 정책을 주장하는 것은 조금 지나친 감이 있지만 그렇다고 하더라도 주변국들이 같은 지향점을 가지고 연결된 관계라는 사실을 잊어서는 안 될 것이다. 지중해 연안국 모두 다양한 불안정적 위험 요소 앞에 놓여 있으며 적절히 대처하지 못할 경우 즉각적이고 직접적인 피해를 입게 될 것이 분명하다.

아프리카와의 관계에서 프랑스는 지난 여러 해 동안 이어왔던 역할을 지속해야 한다. 코트디브아, 중앙아프리카, 말리가 그런 경우에 속한다. 대표적인 예가 UN 활동 차원에서 이루어진 코트디부아 군사 개입이다. 한편 중앙아프리카에서 우리가 철수한 점은 유감으로 생각한다. 그곳의 상황이 여전히 불안정적이기 때문이다. 가까운 시일 내에 다시 그곳으로 되돌아가기엔 너무 위험 부담이 크다.

말리에 대한 군사적 개입은 자하디즘으로부터 이 나라를 구할 수 있었다는 점에서 상당한 효과가 있었다. 매우 열악한 환경에서 전투에 참가해 역할을 훌륭히 수행한 우리 병사들에게 경의를 표한다.

이 대륙에서 우리가 맡은 역할은 아프리카 군대 및 지역 기구들과 긴밀한 협력하에 취약한 이 지역의 안정을 도모하는 일이다. 유럽연합의 군사 교육 활동을 조율한 것은 그런 이유에서였으며 그 계획은 실제로 상당한 도움이 되었다. 하지만 군사 개입이 아니더라도 개방과 민주화를 선택하는 아프리카 국가에 대해서는 지원이 이루어져야 할 것이다. 왜냐하면, 알다시피 아프리카는 막대한 경제적 잠재력을 지니고 있는 땅이기 때문이다. 아프리카 대륙과의 경제 협력이 보다 강화되어야 한다.

프랑스가 현재 참여하고 있는 군사 개입 작전의 수와 그 위험성을 고려했을 때 좀 더 강력한 외교적 영향력, 현지에서의 활발한 네트워크 및 현대화된 고성능 무기를 갖추어야 함은 두말할 나위 없이 자명하다. 비록 센티넬 작전의 해체 결정이 한 번 내려지기는 했지만, 현재의 군체제는 향후 몇 년간 전력 축소 없이 유지해야 한다. 그로 인한 도발 억제 효과를 생각할 때 그 비용이 얼마가 들더라도 지속적으로 추진해야 할 필요가 있다. 이것이 우리 자신을 보호할 최후의 방편이기 때문이다.

세계의 안보는 미국과 러시아의 전략적 선택에 크게 좌우된다. 사실 서아시아와 중동 지역에서 러시아의 역할 비중이 점차 커지고 있다. 또한, 미국은 2차 세계대전 이후 이 지역을 우선 개입 대상으로 삼고 특별한 관심을 기울여 왔으며 이는 우리에게도 여러 차례 도움이 되었다.

유럽 국가인 러시아와 우리는 어떤 관계를 유지해야 할까? 냉전 이래 계속된 70여 년간의 적대적 갈등 관계를 이어가고 싶은가? 현재 대치 국면인 이 강대국과의 모호한 갈등 관계를 지속하는 것이 진정 우리가 바라는 것인가?

러시아와의 관계를 재정립할 필요가 있다. 우리는 도널드 트럼프 대통령 당선 이후 미국이 어떤 태도를 취하든 상관없이 미국의 노선만을 맹목적으로 지지할 수도 없고 그렇다고 프랑스 우파 일부가 선호하는, 즉 비판의 여지가 있는 체제를 묵시적으로 동의하는 노선을 무작정 따를 수도 없다.

나는 양국이 긴밀하고 솔직한 대화를 재개할 수 있도록 노력할 것이다. 크림반도를 둘러싼 문제를 단기간 내에 해결할 수는 없겠지만 러시아와 우크라이나의 관계가 안정되고 쌍방 간의 제재가 점진적으로 철회될 수 있도록 러시아와 함께 노력해야 한다. 또한, 중동 및 서아시아 지역의 안정이 정착되도록 합의점을 찾아야 한다. 혹시라도 도널드 트럼프 대통령이 당선 과정에서 유럽에 보인 관심이 줄어들었다고 판단한 러시아가 다른 생각을 하지 않도록 향후 몇 달간 유럽은 극도로 신중하게 처신해야 할 것이다.

우리는 러시아와 같은 대륙에 위치하며 역사와 문학의 일부를 공유한다. 투르게네프는 프랑스에서 살았으며, 푸시킨은 프랑스를 사랑했다. 체홉과 톨스토이가 프랑스 문학에 끼친 영향 또한 지대하다. 그뿐만 아니라 양국은 세계 역사상 가장 처절했던 두 번의 세계대전에서 함께 싸웠다. 러시아와 우리의 입장이 전적으로 같지는 않지만 그렇다고 해서 이 동유럽 강대국과의 연결 다리를 끊는 것은 크나큰 실수이다. 장기적 관점에서 관계 개선의 노력을 해야 한다. 대테러전이나 에너지 분야에서부터 관계를 이어 나가는 것이 서로에게 유익할 것이다.

프랑스와 미국의 관계는 그 어느 때보다도 구체적이다. 인권 보호와 세계 안정을 위한 공동 관심사를 가지고 있다. 2016년 11월 도널드 트럼프 대통령 당선으로 많은 변화가 예상된다. 이 선거 결과에 걱정하는 사람은 없다. 오바마 대통령 재임 시절에는 유럽과 약간의 긴장 관계가 유지되었고 이는 특히 시리아에서의 위기로 이어졌다.

오바마 대통령 시절의 미국은 유럽보다는 아시아에 훨씬 큰 비중을 두었고, 미국의 이러한 방향 전환의 결과가 유럽 내에서 조금씩 나타나기 시작한 참이다. 또한, 미국은 지난 반세기 내내 자국이 적극적으로 개입해 왔던 중동과 다른 위기 지역으로부터 발을 빼려는 상황이다. 중동에서의 오바마 노선은 간단했다. 해당 지역 갈등 당사국에게 그쪽 일을 맡기고 더 이상 주도적 역할을 하지도, 평화 정착을 위한 책임자 역할을 담당하지도 않으려는 것이었다. 아프가니스탄과 이라크로부터 철수를 결정한 이후 자국에 대한 직접적 위협이 없는 한 미국은 더 이상 개입하지 않고 있다.

물론 미국과의 협력 관계는 여전히 공고하며 또 그래야만 한다. 수많은 작전 현장에서 우리는 미국의 정보 도구와 군사적 지원 수단을 이용하고 있으며, 사헬 지역의 위험성을 느끼고 있는 미국 또한 이 지역에서 정보 수집과 관련한 우리의 협력이 매우 중요하다는 사실을 잘 알고 있다. 어찌 됐든 양국 모두 미국-유럽 관계를 쇄신, 재평가하고 재투자로 이어나갈 필요가 있다. 이런 측면에서 보았을 때 도청 사건은 용납하기 어려운 일이다. 정부 당국자들은 도청 사건이 정보 수집 차원에서 그다지 놀라운 일이 아니며 대수롭지 않다고 말하지만, 이것이 국가 수반에 대한 도청과 관계있다는 점에서 나는 특히 충격을 금할 수가 없다.

프랑스, 좀 더 넓게는 유럽과 미국의 관계는 지구촌 전체의 미래를 위해서도 중요한 시기에 들어서고 있다. 서구 사회를 구성하며 세계대전 이후 인권과 세계 평화 정책을 중시해 온 대서양 양측 미국과 유럽의 관계가 과연 그토록 중요한가? 나는 진심으로 그렇다고 믿는다. 그렇지만 양측의 관계에는 균형이 필요하다. 균형 잡힌 관계가 보장될 때 우리가 우리 국민을 보호할 힘을 갖게 된다. 이 글을 쓰고 있는 지금 이 순간 미국은 도널드 트럼프 대통령과 함께 새로운 여정에 접어들었다. 그의 첫 번째 정책 결정이 어떤 내용일지는 아무도 알 수 없다. 그러나 적어도 그의 전임자들과 마찬가지로 그의 정책들이 현실이라는 벽에 부딪히게 될 것이라는 점은 예측할 수 있다. 우리의 구상이 받아들여지도록 하는 것도, 급변하는 세계 질서에 대한 대비책을 마련하는 것도 모두 우리의 몫이다.

지금은 10년 후를 내다본 외교, 군사 전략이 유럽 차원에서 마련될 필요가 있다. 왜냐하면, 점점 더 유럽의 안보는 유럽 스스로 지켜야 할 상황으로 세계 정세가 변해가고 있기 때문이다. 따라서 유럽 제1의 군사 강국으로서 프랑스는 독일뿐만 아니라 이 분야에서 전략적 파트너인 영국 등 우리의 유럽 동반자들과 함께 협력해야만 한다. 유럽을 둘러싼 주변 지역의 위협에 맞서, 그리고 러시아와 미국의 새로운 입장과 불확실성을 고려할 때 좀 더 독립적으로 우리의 집단 안보를 보장하기 위해 함께 해야 할 일이 많다.

우리의 운명을 스스로 결정하기 위해 필요한 핵심은 국제무역, 경제, 문화 분야에서의 주도권과 관련 있다. 프랑스와 유럽이 실질적 영향력을 갖추고 우리에게 문제가 될 만한 부정적 요인을 차단하는 것이 우리의 예술, 학교, 기업, 사상이 세계로 진출하고 영향력을 미칠 수 있도록 돕는 길이다.

우리에게는 그럴만한 충분한 역량이 있으며 국제적으로 강력한 힘을 발휘할 네트워크도 갖추었다. 그렇지만 지난 세월 동안 우리가 잘못된 선택을 함으로써 만족할 만한 성과를 거두지 못했음을 이 기회를 빌려 지적하고자 한다. 나는 장학금 제도와 문화원, 학교를 지키는 것이 외교관 자리를 몇 개 더 만드는 것보다 중요하다고 생각한다. 물론 외교적 네트워크도 필요하지만 프랑스의 고유한 문화적 영향력에만 의지하기보다는 더욱 유럽적인 접근을 도모하는 것 역시 고려해볼 만하다.

튀니지를 방문했을 때 그 나라의 정계, 문화계 리더들과 가졌던 교류는 나에게 깊은 인상을 남겼다. 그들의 문화가 매우 프랑스적이었던 것이다. 그들의 불어 실력은 완벽했고 그 나라의 절정기는 프랑스 예술가, 작가, 영화인들이 함께 활동했던 시기였다.

안타깝게도 지난 15년 동안 우리의 해외 불어 교육 정책은 후퇴했고 문화예술 해외 홍보 정책도 별 관심을 끌지 못했다. 프랑스의 문화 부흥, 불어 장려와 언어 다양성 추구, 해외 학생들에 대한 장학금 지급, 수천 킬로미터 떨어진 지역 사람들에게 교류, 호기심, 상호성의 정신에 따라 프랑스를 느낄 수 있는 기회를 제공하는 이 모든 것들은 프랑스를 위한 일이며 동시에 세계 문화 발전을 위해서도 바람직한 일이다. 우리 국민과 세계의 동반자들 사이에 맺어진 단단한 상호 관계는 무지와 야만에 공동 대항하는 방어막이며 서로를 이어주는 연결 고리이기도 하다.

이런 측면에서 볼 때 아프리카는 우리의 꿈과 희망을 재확인하고 다시 펼쳐야 할 약속의 땅이다.

우리의 활동이 군사적, 정치적 차원에만 머물러서는 안 될 것이다. 아프리카 전역에서 좀 더 다양하고 적극적인 활동을 펼침으로써 그곳의 기업인들과 중산층이 스스로 성장할 수 있도록 도움을 주어야 한다. 바로 이러한 활동이 이른 시일 내에 아프리카 대륙에 민주주의를 정착시킬 수 있는 가장 효과적인 방법이다. 위베르 베드린, 리오넬 쟁수, 하킴 엘 카루이, 장 미셸 세베리노, 티잔 티엄이 공동 참여한 2013년 보고서'아프리카 - 프랑스: 미래를 위한 파트너십' 역주 는 그런 의미에서 매우 시의적절한 연구였다. 이 공동 작업은 내가 추진하고자 하는 대아프리카 전략과 일치한다. 전통적으로 아프리카에 대한 우리의 경제 활동은 원료 및 기간 산업을 중심으로 그곳 정부와 긴밀한 관계를 이어왔다. 그런데 그 활동이 불투명한 상태로 지속되면서 양측의 부정부패를 효과적으로 단속할 수도 없게 되고, 이렇게 맺어진 아프리카 인맥을 좋은 방향으로 적절히 활용할 수도 없었다.

현재 아프리카에서는 신진 기업 엘리트층이 급부상하면서 중산층과 전체 국민을 이끌고 있다. 바로 이런 신세대 엘리트들과 어느 한쪽으로 기울어짐 없는 균형 잡힌 관계를 맺음으로써 프랑스–아프리카 사이의 미래 지향적 관계를 강화시킬 수 있을 것이다.

나는 우리와 공통의 역사, 고유한 관계, 문화, 통상, 산업 교류를 가져온 모든 나라를 여기에 일일이 열거할 생각은 없다. 브라질, 콜롬비아, 칠레, 아르헨티나에 이르기까지 그리고 한국과 일본, 중국, 인도 등 변화와 개혁의 물결이 휩쓸고 있는 이들 나라와 프랑스는 다양한 관계를 맺으며 그 관계를 지속적으로 강화시켜 나가고 있다. 호주와는 최근 중요한 몇 건의 계약을 체결하기도 했다.

이 국가 리스트에서도 중국은 물론 매우 중요한 지위를 차지한다. 이 나라는 현재 세계 제1의 경제 대국으로 성장 중인 강대국이다. 그렇지만 우리 프랑스 국민 중에 중국에 대해 제대로 알고 있는 사람은 많지 않다. 아직도 우리 국민 상당수가 이 나라를 그저 값싼 제품을 생산하는 세계의 공장쯤으로, 프랑스 공장의 해외 이전과 탈공업화의 원인 국가 정도로만 여긴다. 그러나 지금의 중국은 우리가 생각하는 그 이상으로 성장했다. 중국을 대하는 우리의 시각에 변화가 필요한 이유다. 중국은 위협이 아니라 방법만 잘 찾는다면 오히려 우리에게 기회가 될 수 있다.

우리에게는 중국이 현재 겪고 있거나 향후 직면하게 될 여러 문제도시 개발, 에너지 공급, 환경오염 대책의 해결을 위한 노하우를 갖춘 기업들이 있다. 양국은 이미 원자력 등의 분야에서 협력 관계를 맺고 있다.

그뿐만 아니라 양국은 이미 특별한 우호 관계로 가깝게 맺어져 있다. 프랑스가 중화인민공화국을 인정한 최초의 서구 국가라는 사실을 중국 지도자들은 분명히 기억한다.

그러나 한창 변화 중인 세계화의 물결 속에서 앞서 나가려면 우리에게는 유럽이 필요하다. 지난 30년간 세상은 크게 달라졌다. 새로운 경제 강국들이 출현하면서 프랑스가 어느 정도 위축

된 것은 사실이다. 우리의 이익과 가치 수호를 위한 최상의 방편은 효과적인 범유럽 정책을 펼치는 것이다. 그중에서도 공동 통상 정책이 절실하다. 중국이나 미국을 상대로 효율적이고도 신뢰할 만한 논의를 추진하려면 유럽 차원의 공동 대응 외에 다른 대안이 없다. 현재 미국과 진행 중인 자유무역협정이 몇 년 이내에 진전을 보기는 어려울 것 같다. 하지만 EU 차원의 공격적 통상 전략을 펴면서 아시아 태평양 국가들과의 긴밀한 논의를 통해 미국의 지배적 지위를 막는다면 승산이 있을 것이다. 경제 활동 관련 데이터 활용이나 사생활 보호를 위한 디지털 정책 또한 범유럽 차원에서 다루어져야 한다.

프랑스의 미래를 위한 세 번째 활동 축은 세계 문명 사회와 관련되어 있다. 지금은 새로운 휴머니즘을 생각해야 할 때이다. 나 역시 세계화가 많은 면에서 기회의 동의어라는 점을 인정한다. 그러나 동시에 세계화는 국가가 더 이상 손을 쓸 수 없을 정도의 과도한 금융 자본주의 팽창으로 인해 타락하고 말았다. 2차 세계대전 이후 새로운 금융 화폐 질서 유지에 필요한 규제 장치의 기틀이 되었던 브레튼우즈 체제는 이제 끝이 났다. 세계 20대 경제 강대국을 회원으로 한 국제회의 G20이 2008년 금융위기 이후 재소집되었으나 세계 금융권의 혼란을 잠재우기엔 역부족이었다.

오늘날 세계 자본주의는 과거 그 어느 때보다도 심각한 불평등을 프랑스를 포함한 선진국 내에서 야기하고 있다. 서구 중산

층이 1980년대 이후 계속된 이같은 추세의 가장 큰 희생자들이
다. 처음엔 신흥 엘리트와 중산층 시민들이 경제 성장의 혜택을
누렸다. 그러나 이후 25년 동안에는 최상위 1%만이 지속적으로
부를 축적했을 뿐이다.

국제 자본주의는 이제 자율 조절 능력을 잃었다. 이 문제를 해
결하기 위한 기구들이 창설되었지만 별로 나아진 것은 없다. 그
러나 금융위기나 세계화로 인한 희생자, 지구 온난화와 생물 다
양성 파괴의 피해자 구조를 위한 프랑스의 투쟁을 통해 국제 법
규의 제정을 앞당기고 피해를 예방하며 잘못된 법의 수정을 유
도함으로써 결국 현대 자본주의의 방향을 물질보다 인간 중심으
로 바꾸어 놓아야 한다.

과연 그러한 목표가 실현될 수 있을지 나로서는 알 수 없다. 지
금의 자본주의가 그 자체의 과도한 발달로 인해 돌이킬 수 없는
최후의 단계에 이른 것은 아닌지 그 역시도 나는 알 수 없다. 하
지만 내가 확신하는 것은 있다. 물질 만능에 깃든 세계화 흐름
속에서 인간의 가치에 의미를 부여하는 중요한 작업에 프랑스
가 반드시 일조해야만 한다는 점이다. 프랑스의 역사, 원칙, 능
력 등 모든 것에 인간애라는 기준이 포함되어야만 한다. 국제 기
준 강화를 위해 더욱 단호한 태도로 프랑스가 앞장서야 한다. 모
든 형태의 불투명한 출자에 제동을 걸고 세계 금융 지도자들의
과도한 소득을 규제하며 사회적, 환경적 책임감을 가져야 한다.
이러한 우리의 노력이 효과를 보려면 프랑스 혼자만의 힘으로는
불가능하며 국제적인 협력이 필요하다. G20이 훌륭한 토대가 될

수 있을 것이다. 그러나 이 문제가 명확하게 의제화되기 위해서 프랑스와 EU가 먼저 앞장서야만 한다.

그뿐만 아니라 모든 형태_{합법적, 비합법적}의 탈세를 뿌리 뽑기 위해 EU와 전 세계가 공동 대처에 나서야 한다. 좀 더 투명한 조세 제도 마련을 위해 여러 해에 걸쳐 EU와 OECD 차원에서 노력을 기울인 결과 뚜렷한 진전이 있었다. 그럼에도 불구하고 디지털 기술의 발달로 인해 자본의 이동과 변동이 용이해지고 나아가 부추겨지는 경향이 있다. 강력하고도 확실한 대처 방안이 절실하다. 법인세에 대한 유로존 전체의 정책 공조가 우선적으로 이루어져야 한다. 완전한 합치까지는 10~15년 정도가 걸리겠지만 반드시 회원국 간 격차를 줄여나가야만 한다. 두 번째로는 EU와 조세 피난처 사이에 기존 조세 협정에 대한 재논의가 이루어져야 한다. 마지막으로 모든 통상 협정에는 반드시 탈세 방지 협력을 위한 협약이 추가될 필요가 있다. 무역 개방이 정책적으로 지원받을 수 있으려면 부의 재분배를 위해 반드시 필요한 과세 대상 자본이 유출, 증발되지 않아야 한다. 2017년 말이 되면 서구 강대국들은 각기 새로운 정부 지도자를 맞이할 것이다. 2020년 까지 새로운 세계화 규칙의 기틀을 마련하기 위해서 다 함께 힘 써야 할 것이다. 우리의 노력은 '금지'하거나 단순히 '유지'하기 위한 투쟁이 아니라 과도한 탈선에 대항하고 미래를 보장하기 위한 투쟁이다.

지금 우리는 세계 질서 격변의 시대를 살아가고 있다. 어떤 사

람들은 이제 서구 중심 시대는 끝나고 새로운 힘의 질서가 만들
어질 것이라고 생각한다. 인류 전체를 위한 세계화 실현에 프랑
스가 앞장서야 하며 한층 더 강력해진 유럽 안에서 우리의 활동
을 적극적으로 펴나가야 한다는 것이 위 주장에 대한 우리의 대
답이다.

15

유럽 재건

유럽 재건

우리의 미래를 우리가 원하는 방향으로 이끌기 위해 유럽의 힘이 필요하다.

오랫동안 우리의 정치 지도자들은 우리가 알고 있는 모든 문제의 원인이 유럽이라며 비난해 왔다.

바로 우리가 그 유럽이라는 것을 여기에서 상기시킬 필요가 있을까? 역사적으로나 지리적으로 프랑스가 유럽의 중심에 있다는 사실을 굳이 설명해야 하는가? 오늘날의 유럽을 만들고 선택한 것이 바로 우리다. 유럽의 대표를 결정하는 것도 우리다. 간단하게 말해 보자. 프랑스 대통령을 선출한다는 것은 곧 유럽 이사회의 협상 테이블에 앉을 프랑스 대표를 뽑는 일이다.

따로 흩어지는 것보다 유럽의 깃발 아래 하나로 뭉칠 때 우리는 훨씬 강해질 수 있다. 그 사실을 깨닫지 못한다면 우리가 중국이나 미국을 상대해서 이기기는 상당히 어렵다. 세상을 직시할수록 이러한 확신은 더욱 뚜렷해진다.

우리가 물려받은 유산은 어디로부터 온 것인가?

정치 시스템 형성의 역사를 고려할 때 유럽은 아직 젊다. 겨우 65세에 불과하다. 그런데 벌써 잔뜩 지쳐 보이는 것은 어찌된 일인가? 지난 수십 년 동안 단일 유럽 건설 계획은 답보 상태에 머물러 있다. 여러 협정 속에서 갈 길을 잃고 미래에 대한 비전 부족으로 헤매기만 한 것이다.

단일 유럽 계획은 평화, 번영, 자유라는 세 가지 약속을 내걸고 출발했다. 근본적으로 프랑스의 가치와 일치하는 계획이다.

단일 유럽은 평화에 대한 갈망의 산물이다. 단일 유럽이 평화를 공고히 했다. 수십 년에 걸쳐 유럽은 수천만 유럽인의 평화에 대한 희망을 현실로 만들어 주었다. 그 결과 우리 중 많은 사람이 이제 갈등은 사라졌다고 믿게 되었다. 지난 세월 유럽 대륙의 역사가 어떠했는지는 잊어버린 채 말이다. 과거 우리의 역사를 보면 유럽은 언제나 제국 건설과 전쟁을 통한 통합을 꿈꾸었다. 율리우스 카이사르가 그랬고 샤를마뉴 대제가 그러했으며 나폴레옹, 히틀러에 이르기까지 마찬가지였다. 전쟁은 유럽 대륙에서 벌어진 우리의 역사였으며 만약 우리가 자유 유럽 건설에 실패한다면 우리의 미래가 될 수도 있음을 결코 잊어서는 안 된다. 유럽 역사상 처음으로 평화와 민주주의를 통한 대륙의 통합에 이르렀다. 유럽의 꿈이 전대미문의 비 패권적 단일 유럽 건설이라는 형태로 모습을 드러낸 것이다. 두 번에 걸친 세계대전을 거친 후, 혹은 유대인 학살, 집단 처형, 서구 문명에 대한 배신 등 두 번의 전쟁이 남긴 트라우마를 겪은 후, 이제 전 유럽인이 평화롭게 함께 살아가기 위해 생각해 낸 것이 바로 단일 유럽 건설이다.

번영하는 유럽, 이것이 단일 유럽의 두 번째 약속이다. 전쟁으로 피폐해진 유럽은 경제 재건을 위해서라도 힘을 합하지 않을 수가 없었다. 그러한 필요성 때문에 유럽은 위기에 굴하지 않고 세계에서 유래를 찾을 수 없는 경제, 사회적 모델을 구축할 수 있었다.

세 번째 약속은 자유다. 가장 먼저 재화와 사람의 자유로운 왕래를 들 수 있다. 쉥겐 조약EU 연합국 국민에 대해 무비자 왕래를 보장하는 조약 – 역주, 에라스무스 프로그램EU 국가 간 교환학생 프로그램 – 역주, 유로화, 각종 장애물 제거–은행 수수료에서 통신 요금에 이르기까지–를 통해 유럽 내 자유로운 이동성을 구체적으로 실현한다는 것이다. 그런데 오늘날 단일 유럽 건설의 토대가 된 평화, 번영, 자유의 약속이 제대로 지켜지지 않고 있다고 많은 유럽인들이 생각하고 있다.

평화에 대한 약속이 깨졌다. 시리아, 리비아, 우크라이나 지역의 불안정, 지난 60년 이래 최대 규모의 난민, 그리고 무엇보다 우리 영토 내에서 반복적으로 발생하는 테러 공격이 우리의 눈을 뜨게 했다. 역사의 실은 끊어지지 않았으며 전쟁과 갈등은 과거의 유물이 아니라는 사실을 깨닫게 된 것이다.

번영에 대한 약속도 배신당했다. 유럽 경제는 무기력의 덫에 걸려 있는 듯하다. 나 역시 경제위기에 대한 우려의 목소리를 수도 없이 듣는다. EU 청년 5명 중 1명이 실업 상태인 현재 상황에서 EU 통합이 젊은 세대에게 무슨 설득력이 있겠는가? 유로화가 위기에 처했을 때 유럽은 응급 대처에 함께 나섰다. 그렇지만 긴축 재정이 계획일 수는 없으며 적자 줄이기가 우리의 정치적 목표는 아니라는 점을 인정할 수밖에 없다.

자유를 위한 약속도 마찬가지로 악화되었다. 이동의 자유가 날이 갈수록 훼손되어 가고 있는데 이주민 유입으로 인한 사회 통합 문제와 경제적 이유, 그리고 테러 위협에 따른 안전 문제 때문이다. 또한, 실업과 불평등 심화로 개방에 대한 거부감이 심해지고 폐쇄적 분위기가 확산된 것도 큰 이유이다.

유럽 통합이 약속한 세 가지 대원칙이 더 이상 의심받도록 두어서는 안 된다. 평화, 번영, 자유에 대한 약속은 지금도 여전히 지향해야 할 목표이며 우리의 계획이다. 우리가 개방을 포기하고 문을 닫아 버린다면 이 목표는 결코 달성할 수 없을 것이다.

도대체 그동안 우리에게 무슨 일이 있어났던 것일까? 유럽연합은 남이 아닌 스스로의 잘못으로 인해 악화되었다. 아이디어와 수단이 고갈되었으며 시스템이 기능을 멈추거나 헛돈다. 회원국 정상회담은 희화화의 대상이 되어 버렸다. 문을 걸어 잠그고 비공개로 앉아서 대원칙만 반복적으로 말하다가 이전 정상회담 선언문과 겹치지 않도록 단어만 몇 개 고쳐서 재발표를 한다는 것이 정상회담의 이미지다. EU의 현재 시스템은 현실과 단절되어 있다. 지난 몇 달간 만났던 브르타뉴 지방 농부들은 내게 이렇게 말했다. 자신들은 유럽연합이나 EU 공동 농업 정책에 반대하는 것이 아니라 단지 터무니없는 규정, 관료적 방식, 현실과 동떨어진 개입주의에 반대하는 것이라고 말이다.

단일 유럽의 기틀을 닦은 설계자들은 경제가 통합되면 정치도 통합될 것이며 단일 시장, 단일 화폐가 실현되면 단일 유럽 국가의 탄생이 가능할 것이라고 믿었다. 그런데 반세기가 지난 지금의 현실은 그같은 기대를 한낱 환상으로 만들어 버리고 말았다. 단일 유럽 국가 정치는 실현되지 않았으며 심지어 처음보다 악화되었다. 바로 우리 모두의 집단적 과오로 인해서 말이다.

무엇보다도 우리가 그렇게 되기를 원했기 때문이라고 할 수 있다. 각국은 지난 수년 동안 별로 힘이 없는 지도자들을 유럽연합 대표 자리에 계속 앉혔다.

그리고 28명의 위원으로 구성된 위원회를 만들었는데 이렇게 해서는 이 조직이 제대로 작동하기가 어렵다. 따라서 자크 들로르 위원장 시절 유럽위원회의 진정한 집단 합의제와 그 효율성을 되찾기 위해 지금의 조직을 재검토할 필요가 있다.

유럽연합은 차츰 절차를 따지다가 비전을 포기해 버렸으며, 유럽연합 실현이라는 목표를 기술, 재정, 법률, 제도적 수단과 혼동하는 실수를 저질렀다. 결국, 유럽연합은 유럽 내 모든 문제를 짓누르는 무거운 짐처럼 여겨지게 되었다. 문제가 발생할 때마다 자동적으로 그 원인을 유럽 탓으로 돌리게 된 것이다.

프랑스 국민은 2005년 국민투표를 통해 유럽과 일종의 단절을 선택했고 2005년 국민투표 결과 유럽 헌법이 부결됨 - 역주 이는 유럽이 곧 프랑스는 아니라는 선언과도 같았다. 또한, 유럽이 지나치게 배타적 자유를 추구한 나머지 프랑스의 가치와는 멀어져 버렸다는 선언이었다. 그뿐만 아니라 농업 등 전통적으로 우리가 누려 왔던 혜택을 침해하고 이민 문제와 같은 새로운 형태의 사회 문제에도 도움이 안 되는 위협적인 존재로 유럽이 프랑스 국민에게 인식되었다는 점을 보여 주는 것이기도 했다.

이같은 부정적 인식은 2005년 국민투표 이래 가속화되었는데 그 이유는 단일 유럽 옹호자들이 투표 부결의 트라우마로 인해 토론과 의견 교류의 장을 떠나 버렸기 때문이다. 한편 그리스 금융위기 당시 유럽의 정치 지도자들이 보여 준 이러지도 저러지도 못하는 모습은 유럽 체제의 무기력한 모습을 그대로 드러내고 말았다.

유럽은 책임감 부재로 인해 기운이 빠진 모습이다. 프랑스 역시 우리 스스로 제정한 유럽의 규칙으로부터 벗어나는 것이 오히려 국익을 위해 나을 수 있다는 생각을 마음속 깊숙한 곳에서 너무나 자주 하고 있다. 책임 의식 부족 외에도 유럽 정책의 컨트롤 부재 또한 상황을 매우 악화시킨 면이 있다. 단일 화폐 정책은 일부 국가, 그리스, 이탈리아, 스페인, 포르투갈, 그리고 심지어 프랑스에 능력보다 과도하게 누릴 수 있는 권리를 부여함으로써 위험스러운 상황을 초래했다. 그런데 이런 결정을 내릴 때, 적절한 담당 기관이 부재하여 제대로 된 정책 논의가 이루어지지 않았다는 점은 의미심장한 일이다. 유럽 정치 지도자들의 선택, 각국 행정부의 타성, 규칙의 급증, 보충성의 원칙 principe de subsidiarité, EU의 정책과 회원국의 정책이 상충할 때 해당 정책 직접 관련국의 권한이 우선한다는 원칙 — 역주 의 불충분한 적용 등은 앞으로도 계속 문제가 될 것이다.

안타깝게도 유럽은 경제뿐만 아니라 단일 유럽 건설을 가능하게 했던 가치조차 제대로 수호하지 못하고 있다. 휴머니즘은 어느 누구도 가볍게 생각해서는 안 되는 가치이다. 나는 EU 단일화폐 체제 안에 남고자 하는 그리스 정부의 노력을 항상 지지해왔다. 그러나 그리스 정부가 유럽의 규정, 특히 비호권 droit d'asile 과 관련한 유럽 규정을 최근 들어 노골적으로 무시하는 데 대하여 유럽 차원에서 어떠한 준수 권고도 하지 않고 있다는 점에 나는 적지 않은 충격을 받았다. 헝가리 정부가 취한 최근의 몇 가지 결정은 단일 유럽의 근간이 되는 원칙들을 크게 훼손하였다. 세금 문제나 금융권 재정 건전성 문제가 대두될 때는 서로 참여하려고 나서는 정상회담이지만, 헝가리 정부의 난민 정책은 정상회담 논의의 대상이 되지도 못했다. 휴머니즘과 관련된 문제 앞에서 타협해서는 안 될 것이다.

끝으로 아무런 비전도 없이 순순히 자체의 분열과 해체를 받아들일 때 유럽은 약해진다. 영국을 EU에 남게 하기 위해 영국의 무리한 요구를 다 받아주었던 2016년 2월의 협약에 대해 무슨 말을 할 수 있을까?

위에 열거한 모든 이유로 나는 지난 10년을 잃어버린 10년이라고 생각한다.

브렉시트는 유럽의 위기를 상징하는 다른 이름이며 유럽의 피로감을 보여 주는 예이다. 하지만 바로 이 브렉시트야말로 우리가 반드시 이루어야 하는 유럽 재건설의 출발점이라고 기대해 보는 것은 어떨까?

나는 브렉시트가 이기적 행동이라고 생각하지 않는다. 투표를 잘못했다고 그들을 비난하지 말자. 그래 보았자 아무것도 달라지지 않는다. 물론 베르톨트 브레히트가 말한 것처럼 '사람들을 해산해 버리는 것'이 문제를 직시하는 것보다 쉬울 것이다. 그러나 나는 문제 직시를 선호한다.

브렉시트는 보호를 원하는 사람들의 마음을 보여 준다. 영국 지도자들이 지키고자 했던 사회 모델에 대한 국민들의 거부이다. 개방이 너무 빨리 진행될 경우 필연적으로 발생하게 될 산업, 경제, 사회적 피해에 대한 거부이다. 브렉시트는 또한 정치권의 무책임함을 증명한다. 그들은 영국이 유럽연합을 떠날 경우 발생할 수 있는 폐해에 대해 설명하기 전에 모든 문제를 유럽 탓으로 돌리며 EU를 희생양으로 삼았던 것이다. 공개 토론회는 전문가들의 거만함과 선동가들의 거짓말로 가득 찬 난파선 같았다.

그런 의미에서 브렉시트는 영국의 위기가 아니라 유럽의 위기이다. 또한, 세계화의 부정적 효과에 대해 외면하고 있는 모든 사람과 회원국들에 울리는 경종이기도 하다. 왜냐하면, 개방을 지지하는 측과 반대하는 측이 거의 대등한 힘으로 대치하며 우리 사회를 반으로 나누고 있기 때문이다. 독일과 이탈리아의 지방 선거, 오스트리아의 대통령 선거, 폴란드와 헝가리의 일탈에 이어 바로 이곳 프랑스에서도 국민전선이 부상 중이다. 유럽 전역의 선거 결과가 이런 사회의 분열을 대변하고 있는 것이다.

그러므로 이제 유럽은 초심으로 되돌아가야 한다. 어떻게 하면 유럽을 되살릴 수 있을까? 회의주의자들에 대항하려면 어떤 정책을 펴야 할까?

유럽이 꿈꾸는 희망을 되찾아야 한다. 바로 평화, 화해, 발전이라는 처음의 계획이 그것이다. 최초의 설계안은 이후 각각의 사람들에게 저마다 다르게 받아들여진다. 그렇게 서로 다르게 흩어져 버린 계획을 하나로 규정하는 것만큼 어려운 일은 없다. 이 문제는 기술적으로, 복잡한 해법과 관료적 방식으로는 해결할 수 없다. 진정한 의미의 정치적 프로젝트가 구성되어야만 한다. 단지 하나의 시장이 아닌 행동의 자유, 진보, 사회 정의라는 인류의 사상이 실현되는 장소로서의 유럽을 위해 모든 회원국이 처음의 계획을 되찾아 그 계획에 걸맞게 행동해야 한다. 이것은 바로 자크 들로르 전 유럽위원회 의장이 오랫동안 품고 있던 철학이기도 하다. 하나의 유럽을 실현하기 위해 우리 프랑스가 앞장서야 하며, 또한 독일, 이탈리아 그리고 다른 회원국들과 협조하에 이루어 가야 한다.

단일 유럽 건설 프로젝트는 주권, 미래에 대한 의지, 민주주의

이 세 가지 개념을 중심으로 추진되어야 한다.

가장 먼저 필요한 것은 현실에 대한 진단이다.

우리 사회는 개방 찬성파와 보호주의 고수파 양쪽으로 쪼개져 있다. 개혁주의자며 진보주의자인 우리는 개방 사회와 유럽의 선택을 수용해야만 한다.

진보주의자는 고립을 거부하는 사람들이다. 세계로 나가는 문을 걸어 잠그는 것은 득보다 실이 더 많다는 점을 이해하는 자들이다. 개방과 보호가 별개로 존재하는 것이 아님을, 개방에는 자국민에 대한 보호가 뒤따를 것이라는 점을 설득시키는 자들이다. 개방이 모든 사람 모든 회원 국가에 혜택을 가져다줄 수 있도록 노력하는 사람들이다.

그런데 우리는 주권주의와 민족주의를 종종 혼동한다. 진정한 주권주의자는 유럽주의자이며 우리의 주권을 온전히 회복하는 길이 유럽에 있다고 나는 단언한다. 생각을 정리하는 차원에서 우선 단어의 뜻을 살펴보자. 주권이란 국민이 자국 영토에 대한 결정을 집단 선택에 따라 자유롭게 행사하는 권리이다. 주권을 갖는다는 것은 효과적으로 행동할 수 있다는 뜻이다.

시대가 주는 갖가지 시련을 앞두고 모든 것을 국가, 민족 차원에서 다시 시작하자고 요구하는 것은 실현 가능하지도 않을 뿐 아니라 큰 실수이다. 난민의 쇄도, 국제적 테러 위협, 기후 변화와 디지털 시대로의 전환, 경제 대국 미국과 중국의 압력 앞에서 우리가 취할 수 있는 최선의 대응이 유럽이다.

솔직히 말해서 북아프리카나 중동에서 밀려드는 난민 문제를 우리 혼자서 해결할 수 있을 것이라고 진심으로 믿는 사람이 어디 있겠는가? 북미의 거대한 디지털 플랫폼들을 상대로 프랑스가 단독으로 대응할 수 있을까? 프랑스 혼자 맞선다고 기후 변화 위기를 해결할 수 있을까? 미국과 중국에 맞서 균형 잡힌 통상 협약 논의가 가능할까? 다가올 미래에 다양한 분야에서 우리는 EU 26개국과 행동을 함께 해야만 한다. 난민 유입에 대해 잠시 생각해 보자. 점점 더 글로벌화되어 가고 있는 위기에 대처하려면 범유럽 차원의 대응이 강화되어야 한다. 어떤 이들은 국경선을 봉쇄하면 문제가 해결될 것처럼 말하지만 이는 그야말로 터무니없는 소리이다. 국경선에 군대를 배치하자는 말인가? 독일, 벨기에, 스페인, 이탈리아로 가는 국경을 봉쇄하자고 주장하는 것인가? 과연 우리가 원하는 것이 그런 것일까? 더구나 지난 여러 달 동안 국내에서 자행된 테러 범죄의 상당수는 범인이 프랑스나 벨기에에 살고 있던 프랑스인이었다.

이 문제에 관한 한 우리의 이해관계가 유럽과 밀접하게 관련되어 있다. 현재는 28개국이 그리고 앞으로는 27개국이 함께 대책을 수립해야만 한다. 그 일환으로 해안 경비대와 국경 수비대 공동 병력에 대한 투자와 EU 공동 신분증 마련에 대한 투자가 반드시 필요하다. 왜냐하면, 레스보스섬그리스 에게해에 위치한 섬 - 역주이나 람페두사섬이탈리아 남부에 위치한 섬 - 역주에 발을 들여놓은 사람은 누구나 우리 땅에 들어올 수 있기 때문이다. 그런데 유럽연합 국경관리청Frontex 병력은 해당 국가의 요청이 있을 때에만,

그것도 매우 제한적 방법하에서만 개입할 수 있다. 게다가 국가 기관 간 협력은 충분히 이루어지고 있지 않다.

국경 문제는 근본적인 문제이며 따라서 심도 있게 다루어져야 할 대상이다. 유럽의 국경 수비를 강화하기 위해 필요한 방법이 반드시 마련되어야 한다.

효과적인 안보 정책을 구축하려면 제3국을 상대하는 우리의 입장이 조율되어야 한다. 분쟁 지역과 난민 발생 국가에 대한 유럽연합 차원의 정책이 마련되어야 한다. 위기 발생 전에 적절한 정책을 수립하지 못했던 것은 유럽연합의 큰 실수였다. 그 다음으로는 분쟁 지역, 특히 시리아 인접 지역으로 몰려드는 난민들을 현지에서 잘 관리할 수 있도록 이들 국가에 대한 경제 발전 지원책을 마련해야만 한다. 수백만 명의 난민이 이들 나라에 발생했을 때 아무 대책을 마련하지 않았던 것 역시 유럽의 실수이다. 그런데 그것은 UN이 유럽연합에게 한 개입 금지 요청에 따른 것이기도 했다. 끝으로 조만간 이민자 문제에 관한 협력을 위해 영국과 논의를 재개해야 할 것이다. 영국의 현재 재정 분담은 충분하지 않다. 난민 수용소에 대한 부담을 프랑스 혼자 떠안을 수는 없다. 재정 분담 외에도 영국이 난민의 EU 국경 유입 문제에 EU와 함께 공동 대처하기로 받아들이는 것은 매우 중요하다.

위에 열거한 난민 문제들만 보아도 유럽은 회원국 주권 보호를 위한 훌륭한 방책임을 알 수 있다.

또 다른 예를 들어보자. 통상 문제이다. 주권체로서 유럽연합은 자유무역을 관리하고 무리 없이 세계화가 실현되도록 노력한다. 경제장관으로서 나는 불공정한 경쟁으로부터 우리의 철강 산업을 보호하기 위해 치열한 통상 전쟁을 치루었다. 특히 캐나다와의 협약 당시 우리의 경제 정책이 EU 차원의 대응이 될 수 있도록 때로는 혼자서 열심히 주장했었다. 왜냐하면, 함께일 때 우리는 더 강해질 것이기 때문이다. 중국과 상대할 때 프랑스 혼자서 어떤 보호책을 준비할 수 있겠는가? 경제 강대국과의 통상 협상에 단독으로 나서서 우리가 어떤 실익을 볼 수 있을까? 하지만 자유무역 협상에 유럽의 능력을 활용하려면 반드시 필요한 것이 있다. 시민, 유럽의회, 각국 의회의 더욱 성숙하고 규칙적인 참여와 협조이다. 또한, 과정의 투명성이 담보되어야 하며 불공정 관행에 맞설 보다 효과적인 보호 장치가 마련되어야 한다. 나는 반덤핑 정책을 강화해야 한다는 데 동의한다. 미국과 마찬가지로 지금보다 신속하고 더욱 강력한 대책이 마련되어야 한다. 그리고 전략적 부문에 대한 해외 기업 투자를 규제할 만한 EU 차원의 방책이 강구될 필요가 있다. 이는 우리의 주권 수호에 핵심적인 산업을 보호하고 유럽의 핵심 기술 보유를 보장하기 위해서이다.

우리가 마음먹고 구체적으로 노력한다면 EU는 세계화의 물결 속에서 우리의 자리를 확보하고 우리를 보호해 줄 울타리가 되어줄 것이다. 이것이 EU를 재건하는 데 있어서 우리가 반드시 기억해야 할 점이다.

EU 건설의 토대가 되는 두 번째 중심 개념은 미래에 대한 의지, 다시 말해 유럽 재건을 위한 공동의 야심이다.

지금의 유럽연합, 좀 더 구체적으로 유로존은 처음에 꿈꾸었던 야망을 잃고 약해졌다. 과거의 위기로 인한 타격과 각종 의심에 사로잡혀 있기 때문이다. 지금 우리에겐 새로운 야망, 유럽 차원의 투자 정책이 필요하다.

유로화 통합이 잘못된 결정이라는 주장이 여기저기서 들린다. 이는 유로화로 얻어지는 이익을 너무 쉽게 망각한 주장이다. 유로화는 화폐 가치의 지나친 변동을 예방하며 유로존 내에서의 교류를 촉진하고 과거 그 어느 때보다도 유리한 조건으로 자본 조달이 가능하게 해준다. 유로존의 미완성이야말로 잘못이었음을 인정해야 한다.

지금 유로화가 약화된 이유로는 회원국 간 경제력 격차가 계속 커지고 있는 점, 경제의 침체, 공공 및 민간 투자 부족 등을 들 수 있다. 과거 유로화는 제대로 된 정책 방향 설정이 없었던 탓에 경제력의 격차를 줄이기는커녕 가속화시키고 말았다. 전례 없는 위기 앞에서 경제 약체국이 크게 휘청거리며 예산 적자의 위기에 빠져들었던 것이다. 일원화된 강력한 정책 운영이 부재한 현재, 사상 유례없는 긴축 정책이 유럽 여러 나라에서 시행되고 있긴 하지만, 누적된 불균형이 해소되려면 시간이 걸릴 것이다. 성장에 반드시 필요한 투자를 통해 유로존 전체를 활성화해야 함에도 불구하고 긴축 예산 정책이 계속되고 있다. 5년 전부터 유럽 중앙은행이 경기 부양책을 펴왔지만 확실한 효력 없이 우리 경제가 침체에 빠져들 수도 있을 것이다.

공동 투자 자금을 지원하고 어려움에 빠진 지역을 도우며 위기에 적절히 대처하기 위해 유로존 예산을 사용하라고 나는 제안한다. 우리에게는 그럴 만한 능력이 있다. 왜냐하면, 우리는 유로존과 연동되어 발생하는 부채가 없기 때문이다.

그러려면 책임자, 즉 유로존 재무장관이 필요하다. 그는 유로존 예산의 우선순위를 정하고 각 회원국이 개혁에 나설 수 있도록 독려할 것이다. 또한, 유로존 의회에 적어도 한 달에 한 번 민주적 통화 재무관리를 책임지는 대표로 참석할 것이다.

한편 보다 적절한 경제 정책 마련을 위해 그동안의 관행을 다 함께 검토해 볼 필요가 있다. 유로존은 금융위기 이전의 투자 수준을 아직 회복하지 못했다. 이렇게까지 미래를 희생시키는 경제 블록은 없다. 현행 '융커 플랜Plan Junker'보다 훨씬 강력한 보조금 지원까지 포함한 투자 계획이 하루속히 마련되어야 할 것이다. 이 계획에는 파이버fiber 장비, 재생 에너지, 에너지 저장 시스템, 교육 및 연구에 필요한 투자 재원 조달 내용이 포함되어야 할 것이다. 이 플랜에 들어가는 모든 미래 투자금은 경제 안정과 성장 협약에 포함된 부채, 적자 목표에 포함시키지 말아야 한다.

사실 프랑스는 EU 예산 적자 계획에 큰 책임을 져야 한다. 우리의 파트너 독일에게 플랜 진척을 설득하려면 우리가 먼저 개혁에 앞장서야 한다. 지금 독일은 기회주의적 태도를 보이면서 온갖 유럽 프로젝트에 제동을 걸고 있는데, 그 이유는 우리 프랑스에 대한 불신 때문이다. 우리가 두 번이나 독일과의 약속을 어겼던 것이다. 2003/2004년 양국은 기본 개혁을 약속했으나 독일만 이 약속을 이행했다. 그리고 2007년에는 양국이 함께 추진하던 공공 지출 감축안을 프랑스가 일방적으로 중단해 버렸고, 그 후 2013년까지 제대로 충분한 행동에 나서지 않았다. 그런 이유로 독일은 현재 예산 흑자가 증가하고 있는데 이는 독일을 위해서도 유럽 전체를 위해서도 바람직하지 않다. 유럽 안에서 프랑스가 리더십을 발휘할 수 있으려면 우리가 모범을 보여야 한다는 점을 잊어서는 안 된다.

바람직한 방향으로 진전하기 위한 방법은 간단하다. 국가 현대화를 위한 개혁 계획과 경상비 감축 5개년 계획을 2017년 여름에는 발표해야 하고 조속히 실천해야 한다. 대신 독일에 자국내 예산 지출 규모를 늘리라고 요구해야 한다. 독일과 프랑스는 유로존 예산 정책 기조뿐 아니라 미래형 투자 승인에 대해서도 함께 보조를 맞추어야 한다.

연대감과 책임 의식이 잘 조화된 경제 강국을 건설하고 싶다면 국가별 개혁이 이루어져야 할 것이다. 하지만 동시에 몇몇 회원국의 경우 다른 나라보다 한층 높은 강도의 개혁이 필요하다. 세제, 에너지, 사회 시스템이 통합 관리될 수 있도록 10년에 걸쳐 개혁을 시도해야 한다.

이 모든 작업을 위한 정책 결정이 2년 내에 이루어져야 할 것이다. 각 회원국의 예산 정책이 유로존 전체 공동 예산 정책에 근접하고 투자 지출 역시 어느 정도 근접해야 단일 유럽 성공의 기틀이 마련될 것이다. 향후 2년은 유럽과 유로존의 성패에 결정적 시간이 될 것이다. 필요한 결정이 이루어지지 않는다면 단일 유럽은 오래 지속될 수 없다. 왜냐하면, 지금의 유럽은 이미 각기 다른 이해관계로 갈팡질팡하고 있으며 민족주의 대두로 한층 약해져 있기 때문이다. 이 2년이 지난 후 프랑스 국민들의 의견을 물을 생각이다. 2년 후에도 아무것도 나아진 것이 없다면 우리와 우리 파트너 국가 모두를 위한 결론을 내릴 수밖에 없을 것이기 때문이다. EU를 위한 투쟁은 차기 대통령의 가장 큰 임무 중 하나이다. 통합 유럽은 우리 주권 보호를 위한 조건이므로 그 목표에 도달하기 위해 유럽 회원국들을 설득해야만 한다. 이를 위해 나는 독일, 이탈리아와 긴밀하게 논의해 갈 것이다.

유럽은 그 자체로 적절한 존재이다. 28개 회원국의 정치 경제 공동 지역에 머물고 있는 EU는 차후 27개국으로 숫자는 줄어들지만 단일 시장이자 강력한 관제 센터가 될 것이다. 또한, 다른 경제 강대국에 맞서 대항할 통상 정책 주체이자 디지털 및 에너지 정책 담당 기구가 될 것이다.

국방 및 안보 문제에서 진전이 있으려면 셍겐 조약 협정국 차원에서 논의가 이루어져야 하며 최근 창설이 결정된 국경 수비군 및 해안 경비군 설치에 좀 더 적극적으로 나서야 할 것이다. 또한, EU 공동 국경 수비 정책을 결정하고 정보, 난민 문제에 관한 협력 정책도 적극적으로 마련해야만 한다.

유럽연합의 정책 조절 및 보호 권한은 지속적으로 향상되어야 할 것이다. 왜냐하면, EU의 규모가 만만치 않기 때문이다. 이 점에 관한 한 유로존 내에서 어떠한 이견도 있을 수 없다.

우리의 계획은 모든 과정이 민주적 절차에 따라 진행될 때 성공할 수 있을 것이다. 선동가, 극단주의자들의 말과 생각에 국민들을 맡기지 말자. 유럽이 서로를 믿지 못하는 불신 속으로 빠져들지 않도록 노력하자. 문을 걸어 잠가 스스로 가둔 채 타인의 정당한 요구에 눈감아 버리는 독단에 빠지지 말자.

함께 대화하며 신뢰를 구축해야 한다. 그런 의미에서 나는 독일, 네덜란드 선거가 예정되어 정치적으로 매우 중요한 한 해가 될 내년에 대토론회 개최를 제안하고자 한다.

독일 연방의회 선거가 끝나는 2017년 가을, 전 EU 회원국에서 민주적 컨벤션을 개최하자는 것이다. 각 국가마다 6~10개월에 걸쳐 공개된 절차에 따라 유럽연합의 활동 내용과 추진하고 있는 정책, EU가 우선적으로 다루어야 할 내용 등에 관한 대토론회를 갖자.

이 토론회를 거치면서 각국 정부는 EU 공동 과제와 구체적 활동, EU의 우선순위 정책, 향후 5~10년 동안 추진되어야 할 정책 스케줄 등에 관한 개략적 로드맵을 수립할 수 있게 될 것이다. 이후 각국 정부는 자국의 민주적 전통에 따라 이 '유럽을 위한 프로젝트'를 정치적으로 승인하기 위한 절차에 들어가면 된다. 국민투표를 실시하는 나라의 경우 유럽 차원의 민주적 토론을 개최하는 등 체계적 캠페인을 진행해야 한다.

이런 방법을 통해 유럽은 다시 정당성을 회복하게 될 것이며 민주적 토론이 되살아나고 국민들의 참여가 가능해질 것이다. 하지만 성공하려면 마리오 몬티와 실비 굴라르가 제안했던 것처럼 모든 절차가 처음으로 되돌아가 재검토되리라는 점을 먼저 결정하고 시작해야 한다. 한 회원국이 새로운 프로젝트에 반대표를 던지더라도 다른 나라의 결정을 막을 수는 없을 것이다. 다만 해당국의 참여만 중단되는 것뿐이다. 이 모든 과정이 끝난 후 유럽은 지금과는 많이 달라져 있을 것이 분명하다. 하지만 그 변화는 '앞으로 진전'하는 변화이지 퇴보가 되지는 않을 것이다.

유럽의 재건설은 하루 안에 이루어질 수 없다. 여러 해가 걸릴 것이므로 인내심을 가지고 장기적 안목으로 바라보아야 한다. 그러나 시간을 요하는 일을 할 때에는 서둘러서 시작해야 하는 법이다.

16

일하는 자에게
권한을 돌려준다

일하는 자에게 권한을 돌려준다

정치에 대한 관심과 시민들의 참여 열망은 오랜 세월 우리 프랑스에 활기를 불어넣어 왔다. 하지만 민주주의에 대한 피로감이 쌓이면서 '시스템'과 공공 활동의 비효율성을 거부하는 움직임과 우리의 운명이 남에 의해 저당 잡혔다는 생각이 우리 사회에 넓게 퍼졌다. 이는 단지 프랑스만의 현상은 아니다. 서구의 많은 민주 국가가 같은 현실에 처해 있다. 계층 하락에 대한 불안, 무너지는 세계 질서 앞에서 느끼는 공포, 극단주의자와 선동주의자에 대한 현혹 같은 다양한 감정들이 이같은 현상을 부추기고 있다.

이런 상황에서 사람들은 내게 두 가지 논쟁거리를 들이대며

답변을 요구한다. "당신이 제도권 엘리트 출신인 걸 알고 있어요. 우리에게 또 무슨 설교를 하려는 것이오?"라거나 "다른 나라에서 실패했는데 왜 당신은 그런 실패한 시스템으로 나라를 바꿀 수 있다고 주장하는 겁니까?"라고 내게 항의하는 것이다.

나 역시 돌려 말하지 않고 솔직하게 대답할 것이다. 나는 프랑스 능력 위주 시스템의 결과물이며 그 시스템에서 성공했다. 하지만 전통적 정치 시스템에 편입된 적은 한 번도 없다. 나 스스로 내가 성공했다고 생각한다면 그것은 바로 내가 모든 것을 다 하려 들지 않는다는 것 때문이다. 계획을 솔직하게 드러내고 그들을 설득하고자 한다. 이것이 내가 하려는 것이며 나는 그것을 함께 해나갈 것이다.

국민들은 정치 지도자들이 더 이상 자신들과 같지 않으며, 자신들을 이해하지도 못하고 관심을 갖지도 않는다고 여긴다. 그런 지도자들 손에 모든 권력이 집중되어 있다는 사실이 국민들의 분노를 자아내고 등을 돌리게 만든다. 우리의 모든 불행은 바로 여기에서 시작된다.

많은 정치인이 새로운 법과 규칙의 필요성을 놓고 국민을 설득하고 있으며 일부는 새로운 헌법 제정까지 들먹인다. 그러나 우리나라는 과거 오랫동안 지금의 헌법만으로 발전해 왔고 거기에는 어떠한 분노도 없었다.

가장 중요한 것은 지도자의 자질과 됨됨이다. 2차 세계대전 당시 적의 추격을 따돌리기 위해 피신하거나 장갑차 부대 선두에서 지휘했던 정치 지도자들과 고위 관료들은 오늘날의 지도자들과 달랐다. 지금의 공공 윤리, 역사의 방향, 리더들의 됨됨이 등이 더 이상 과거와 같지 않으며 국민들도 그렇게 느끼고 있다.

드골 장군은 1964년 1월 31일 기자회견에서 "헌법은 정신이며 체제 행위"라는 유명한 말을 남겼다. "정부에 효율성, 안정, 책임감을 부여하고자 하는 것이 5공화국 체제의 기본 정신이다."라고 그는 덧붙였다. 그의 생각은 내가 앞으로 명심해야 할 목표이며 또한 프랑스의 역사적 성공을 이끈 요인으로 오늘날 국민들로부터 인정받고 있다.

프랑스 국민들은 걸핏하면 헌법 개정을 들먹이는 정치인들로 인해 매우 지쳐 있다. 때로는 '개선'을 위해, 때로는 '시대적 요구에 부응하기' 위해, 또 때로는 '제6공화국' 건설을 위해 헌법을 개정하자고 한다. 하지만 국민들은 헌법 개정을 그렇게 시급한 우선순위로 여기지 않는 것 같다. 국민들이 겪고 있는 문제가 헌법 개정으로 해결될 것이라고 생각하지 않는 것이다. 대통령 임기, 국회의원 수 감축 혹은 의회 개혁 등과 같은 일부 사항에 대해서는 헌법 재검토가 필요하다는 점을 나 역시 부인하지는 않지만, 헌법의 근본적 개혁이나 국가의 기본법에 대한 접근은 매우 조심스럽게 이루어져야 할 일이라고 생각한다. 아직은 적절한 시기가 아니다.

달라져야 할 것은 좀 더 실질적인 부분이다. 대표의 자격 조건 변경, 투표 방법 개선, 지나치게 장황하고 요란스러운 입법부와 일관성 없는 원칙에 효과적으로 대응할 수 있는 조항 마련 등이 필요하다. 정치권이 더 많이 그리고 더 잘 봉사하기 위해서 필요한 것이 바로 이런 것들이다.

국민의 뜻을 제대로 대변하고 시대적 요구에 부응할 지도자를 어떻게 찾을 수 있을 것인가가 매우 중요하다. 국민들은 그들의 대표가 자신들을 대변하지 못한다고 생각한다. 여성 국회의원 수는 전체 의원의 겨우 1/4에 불과하다. 전체 의원 중 33명이 법률가이며 54명은 고위직 공무원 출신이다. 의회 내에서 그들의 비중이 사회 전체에서 차지하는 비율에 비해 지나치게 높다. 반대로 수공업자 출신은 겨우 1명뿐인데 프랑스 전체 수공업자 수는 300만 명 이상이다. 다문화 출신 대표는 12명에 불과하다.

국회의원을 피부색이나 출신 지역에 따라 일일이 숫자로 계산해서 맞출 수도 없고 그럴 필요도 없지만, 실제 프랑스 국민 구성원의 모습과 국회의원의 모습이 점점 더 뚜렷하게 달라져 가는 현실 앞에서 어떻게 당혹스럽지 않을 수 있겠는가? 민주주의 시스템의 효율성을 손상하지 않는 한도 내에서 구성원에 따른 비례대표제를 도입해야 한다. 물론 그로 인해 발생할 수 있는 결과를 알고 있다. 국민전선당 의원의 수가 늘어날 것이다. 그렇지만 거의 30%의 유권자가 국민전선당을 지지하는데도 국민전선의 의석 수가 매우 적은 현실을 공정하다고 할 수 있을까? 우리가 해야 할 일은 그들의 주장에 맞서 싸우는 것이지 그들의 국회 진출을 막는 것이 아니다.

그러나 하나의 잘못을 피하려다 다른 잘못을 저지르는 우를 범하지 않도록 조심해야 할 것이다. 우선 국민들이 중요하게 생각하는 것은 국회의원들이 무슨 일을 하느냐이지 그들이 누구인가는 크게 신경 쓰지 않는다. 대표들에게 원하는 것은 제대로 일을 하라는 것뿐이다. 정치권 쇄신이 이루어지면 더 효율적으로 일할 수 있으리라는 점을 국민에게 설득하는 것은 우리 정치인들의 몫이다. 그렇기 때문에 우리는 선거 방식 개혁으로 정치 효율성이 악화되는 일이 없도록, 그리고 정당이나 조직에 충성하는 사람들에게 혜택을 주기보다는 실질적인 쇄신이 가능하도록 감시해야 한다.

정치 개혁 중에는 겸임 금지 조항도 포함된다. 2017년부터는 의회 의원의 지방 행정직 겸임이 법에 따라 금지될 예정이다. 개인적으로는 수당 이중 지급 금지만으로도 충분하다고 보지만, 상원에 지방 대표 권한을 부여하는 문제는 재고할 필요가 있다. 그러나 이것만으로는 개혁이 충분하다고 할 수 없다. 따라서 나는 진작부터 의원 겸직 금지에 찬성하는 입장이다. 이는 경험이 풍부한 의원들에게 불이익을 주려는 목적이 아니다. 다른 모든 업무와 마찬가지로 정치 역시 걸맞은 능력과 노하우가 필요한 분야이다. 그러나 정치가 더 이상 임무가 아닌 직업이 될 때 정치인은 봉사자가 아닌 이해관계자가 되어 버린다.

정치권이 다시금 국민에게 봉사하는 단체로 거듭나려면 그들에게 무언가를 금지하기보다는 참여를 독려하는 것이 낫다고 생각한다. 기존의 의원들을 막기보다는 새로운 사람들의 참여를 유도하는 것이 성공의 관건이다. 특히 공무원이나 의원 보좌관 출신, 정당 고용인 혹은 자유 계약 종사자프리랜서 출신이 아닌 사람들의 참여가 필요하다. 그러므로 노조 대표나 기업인들 중에서 위험을 기꺼이 감수하고 선거 캠페인을 벌이며 국가를 위해 봉사하고자 하는 사람들을 찾아내고 그들과 함께 일하면서 그들에게 국가를 위해 일할 기회를 제공해야 한다.

미슐랭 등 프랑스의 여러 기업체 내에는 자사 직원이 선거에 출마하도록 지원하고, 당선 시 임기를 마치면 자신의 자리로 돌아올 수 있도록 도와주는 규정이 있다. 회사에 그대로 남아 있었다면 누릴 수 있었을 승진 기회까지 감안하여 어떠한 불이익도 없이 회사에 복직이 가능하다.

본업을 접고 의원이 된 사람들에 대한 대책도 필요하다. 그토록 많은 의원이 겸직을 하는 이유가 임기 후 미래가 어떻게 될지 불투명하기 때문이다. 임기를 마친 의원들이 새로 일을 찾을 수 있도록 장치를 마련해야 한다. 우리 사회를 위해 투쟁하며 시간을 썼던 만큼 사회도 그들에게 보상해 줄 필요가 있다.

이와 동시에 경직된 정치 체제도 구태를 벗어나 새로운 출발을 해야만 한다. 이 점에 대해서는 지금까지 민주적인 논의가 이루어진 적이 없다. 현재의 정당들은 사회 전체의 이익 실현이라는 고유의 임무를 저버리고 특정 이익에 집중하는 모습을 보여왔다. 그들의 이런 행태는 좌파 우파를 가리지 않고 마찬가지이다. 극단적 선동가, 공화당 보수 정치인 할 것 없이 똑같다. 그결과 당원 포섭, 부적절한 타협이 발생하고 정치에 입문한 신참자가 공산당 기관원처럼 변해 버리는 것이다.

정당이 변하지 않으면 의회 대표로서의 자격은 아무런 의미가 없다. 의원 선출은 그저 공산당원이 또 다른 공산당원으로 대체되는 것밖에 안 될 것이다. 그런데 사실 중요한 것은 사회가 정치를 지배하도록 만드는 것이다. 정당이 신임을 회복하려면 그 존재 이유를 되찾아야 한다. 양성하고, 연구하고, 제안하는 것이 바로 정당의 존재 이유이다. 양성한다는 것은 예를 들면 대중 앞에서 의견을 발표하고 정치에 뜻이 있는 젊은이들을 교육할 만한 아카데미를 창설하여 재능을 키워주는 것이다. 이런 의미에서 우리가 시작한 앙 마르슈!En Marche! 전진이라는 뜻 운동이 모범을 보여야 한다고 생각하며, 그런 이유로 나는 시민사회 출신 일반인들이 의회에 진출할 수 있도록 노력하고 있다. 앙 마르슈 진영에는 그런 사람들이 대다수를 차지한다. 우리 당 지역 대표의 60% 이상은 의원 경험이 전무하다.

노동계가 얼마나 근로자들을 잘 대표할 수 있을까 하는 문제는 매우 중요하다. 근로자들이 원하는 바에 따라 인력 자원을 잘 배치할 수 있도록 정치권이 도와주고, 각 지부와 기업 단위 작업장에 좀 더 실질적 권한을 부여하며, 노조 스스로 개혁에 나설 때에만 노조는 더욱 강해질 수 있다. 즉 국민의 대표 의원이 된다는 것이 여러 가지 직책을 겸임함으로써 노동자들의 삶과 동떨어진 경력 쌓기가 되지 않도록 스스로 경계해야 한다는 뜻이며, 또한 정해진 기간 동안 사회 참여에 동참하는 일이라는 의미이다.

국회의원이나 노조 대표가 내뱉는 흠집내기식 연설에 우리가 빠져들어서는 안 된다. 폐쇄적이며 자신의 원칙만을 앞세우는 배타적 특권 계급은 용납될 수 없다. 그런데 이 문제는 당선자 자체의 문제라기보다 정당과 조직의 문제다. 우리가 의원에 대해 이야기할 때 이는 곧 전국 3만 6,500개 지방 시·구의회에서 자발적으로 무보수 봉사 근무하는 37만 5,000명의 국민들까지 겨냥하는 것이라는 점을 생각해 보자. 그리고 노조 대표들 역시 시간과 노력을 아끼지 않고 일하고 있다는 사실을 잊지 말자.

고위 공직이 특혜의 대상이 되어서는 안 된다. 고위 공무원들이 특권층을 형성하고 뒤에서 국가를 움직이고 있다는 느낌을 주기는 하지만, 어쨌든 그들은 시험을 거쳐 선발된 사람들이고, 정당 중진들처럼 포섭, 영입된 사람들은 아니다. 300여 명에 이르는 고위 공직자가 관리직에 포진해 있는데 이들에 대한 임명은 매주 수요일에 열리는 각료 회의에서 이루어진다. 나는 국립 행정학교ENA 시험과 같은 선발 시험을 그대로 유지하는 것이 낫다고 생각한다. 왜냐하면, 실력을 기반으로 선발하는 제도이기 때문이다. 아마도 시험 방법이나 성격을 개선할 수는 있을 것이다. 그러나 대통령 선거 문제는 물론 또 다른 얘기다.

시험을 통한 선발 제도는 인정하지만 대신 고위 공직 제도를 다음과 같이 개선할 것을 제안한다. 첫 번째는 비공직자에게 관리직을 지금보다 훨씬 더 많이 개방하자는 것이다. 그런데 그러려면 국가가 재능 있는 인재를 끌어모을 만한 매력적인 고용주가 되어야 하는데 지금으로선 안타깝지만 그렇지가 못하다. 우선 봉급이 너무 적은 데다가 근무 환경도 열악하기 때문이다. 정치 지도자들이 공직 진출을 하는 이유는 그들이 뛰어난 사람이라서가 아니라 이 기회를 빌어 연줄을 만들려는 목적인 경우가 흔하다. 개선이 필요한 두 번째 사항은 고위 공직자에 대한 과도한 보호이다. 기간 제한 없이 국가의 각종 혜택을 누리는 것은 부당한 일이다. 국가 중요 기관 소속 권리나 이직 후 다시 복직할 수 있는 권리 같은 혜택은 시대에도 맞지 않고 다른 어떤 직종에서도 존재하지 않는 특권이다. 국가 최고위 지휘부 소속일 때에는 공무원의 정치 중립성과 독립성에 대한 보증 차원에서 국가의 보호를 받는 것이 당연하다. 그러나 그 혜택은 신중하고 엄격하게 실행되어야 하며 무엇보다 무기한 적용되는 것은 안 될 일이다. 이 보호 장치는 직무와 관련성이 있을 때 제공되어야 하는 것이지 행정부 소속이라는 이유로 제공되어서는 안 된다.

대통령 선거에 출마하면서 내가 공직을 사퇴하기로 결심한 것은 그같은 이유에서이다. 모든 출마자가 자신의 직책에서 사퇴해야 한다는 것은 아니지만, 나는 사회 전체에 대한 책임감과 위험 부담 감수라는 나의 평소 소신을 따르고자 한다.

책임감이란 우리 사회가 그토록 필요로 하는 집단 윤리 회복에 기여하는 것이라고 생각한다.

책임감을 말할 때 가장 먼저 떠오르는 것은 국민과 의회에 대한 정부의 책임감이다. 지금의 시스템은 무책임을 방조하는 측면이 있다. 그런 예는 수도 없이 많다. 리비아에 대한 군사 개입을 예로 들면 영국은 프−영 군사 개입을 실시하는 것이 옳은지 결정하기 위해 여론조사 위원회를 설치하였다. 과연 우리도 그러한 준비를 했는가? 혹시 했다면 만족할 만한 수준의 대책이었는가? 우리의 국가 안보와 관련된 중대한 문제는 반드시 의회 차원의 심사위원회가 구성되어야만 할 것이다.

동시에 장관들의 책임감 역시 강화되어야 한다. 장관 지명자의 정직성과 청렴성을 투명하게 검증하는 것은 매우 중요한 일이다. 그러므로 범죄 기록 증명서 B2에 하자 없는 사람만 장관이 될 수 있도록 하는 조항이 필요하다. 이는 이미 일반 공직자 채용에 적용되고 있는 사항일 뿐이다. 앙 마르슈! 당직 책임자 임명 시에도 마찬가지로 적용된다. 국회의 장관 인사청문회에서는 지명자의 전문성과 잠재적 능력에 대한 검증도 반드시 이루어져야 한다. 임명을 앞둔 장관은 행정부, 청문회 의원, 해당 업무 분야 모두에게 인정받아야 한다.

책임감이 강조되는 마지막 분야는 정치권이다. 낡은 관행의 개혁은 정치권의 책임이다. 예를 들면 선거 패배 혹은 민주적 절차에 따른 심판이 내려진 이후에도 정계를 떠나는 정치인이 아무도 없다. 정치적 책임감이란 게임의 규칙을 받아들이는 것, 잘못되었을 때 그 결과를 인정하는 행위이다. 정직성을 의심받는 사람이 국민 앞에 후보로 나서고 국가의 운명을 좌지우지하는 모습을 어떻게 상상할 수 있겠는가? 있을 수 없는 일이다. 하지만 분명히 해야 할 것이 있다. 누구나 살다 보면 인생에 실수가 있을 수 있다. 인간은 원래 그런 존재이다. 그리고 누구나 과거에 저지른 잘못을 만회할 권리를 가지고 있다. 그것이 정의이다. 그러나 정치 책임자, 고위 선출직에 출마하여 국가를 대표하려는 사람이라면 그 잘못의 무게가 같을 수 없다는 것이 나의 생각이다. 공공 행정법 위반, 국권 침해, 정치 자금법 위반과 같은 불법을 저지른 사람은 국민의 대표자로 나설 자격이 없다. 그런 경우에 해당되는 사람은 스스로 물러나는 것이 마땅하다. 이렇게 정치 활동과 책임감에 대한 나의 생각을 나열한 이유는 자신을 뽑아 달라고 요구하기 전에 자신의 책임을 다하고 있는지 정치인 스스로 생각해 볼 필요가 있기 때문이다.

왜 우리는 지금보다 나아져야 하는가? 다른 나라, 다른 사람들이 실패한 것을 왜 우리는 성취하려고 애써야 하는가?

무엇보다도 나는 남들이 실패했다고 우리도 실패할 것이라고 생각하지 않는다. 정치가 국민에게 봉사하기를 바란다면 효율적인 정치 체제의 기틀을 마련해야 한다.

국민들은 프랑스 정부가 제대로 역할을 수행하고 있다고 생각하지 않는다. 프랑스의 운명을 결정하는 주체가 유럽인지, 정당인지, 시장인지, 여론인지 아니면 거리의 군중인지 국민들이 혼동을 느끼는 것이다. 그러므로 정부가 정국 운영 활동의 주도권을 되찾고 국민들에게 설명해야 한다. 설명이 있어야 사회가 수용할 수 있기 때문이다. 정부가 투명하지 않으면 국민은 저항한다. 1995년의 개혁이 사회에서 거부된 이유가 무엇인가? 개혁 프로그램이 어떤 것인지, 개혁을 어떻게 실행할 것인지에 대하여 대통령도 총리도 아무런 설명을 하지 않았기 때문이다. 어째서 노동법이 그토록 심한 분노를 일으켰는가? 같은 이유에서다. 대통령도 총리도 충분한 시간을 두고 분명하게 설명하지 않았던 것이다. 단순히 통보하는 것이 아닌 소통하고 설명할 줄 알아야만 한다. 그런데 지금 정부가 하는 모양새를 보면 시간을 두고 설명하기보다는 급하게 서두르고 트윗으로 전달하는데 급급한 것 같다. 그러므로 정부가 투명하고 분명하게 소통할 수 있는 여건을 조성해야 한다. 그리고 하지 않은 것이 무엇인지, 어떤 대책을 마련하지 못했는지 정부는 분명하게 국민에게 알려야 한다. 국민이 요구하는 투명성은 그런 것이다.

효율적으로 일한다는 것은 장황한 말잔치를 끝내는 것이다. 문서에 불필요한 조항을 이것저것 추가하지 않는 것이다. 특별법의 남발을 그만두는 것이다. 모든 문제를 법률 법규 제정 문제로 끌고 가는 습관은 이제 넌덜머리가 날 지경이다. 지난 15년 동안 무려 50건 이상의 노동시장 개혁안이 연이어 발표되었으며 그러는 동안에도 실업률은 계속 상승하기만 했다. 이것만 보아도 법이 만병통치약이 아니라는 사실은 분명하지 않은가!

새로운 법을 만들기 전에 제대로 된 현실 진단이 먼저 이루어져야 한다. 마치 문서 작성이 행정 업무의 전부인 것처럼 일하던 19세기식 낡은 방식을 버리고 조직과 직원 채용, 행정 업무 방식을 바꾸어야 한다. 문서화의 목적은 계획을 실현하는 데 있는 것이지 법률을 제정하고 공포하는 데 있는 것이 아니다. 그러려면 무엇보다 정부와 정치 책임자들의 '체질 개선'이 이루어져야 할 것이다. 공공 정책이 더욱 큰 효력을 발휘하려면 그 정책 수립 과정에 시민의 참여가 필요하다. 빈곤 퇴치, 교육 정책 그리고 다른 모든 정책이 다 마찬가지다.

또한, 효율적으로 일하려면 법안에 대한 토론을 길게 끌지 말고 빠르게 진척해야 한다. 민주적 절차와 결정에 소요되는 시간과 현실적, 경제적 시간 사이에 절충이 이루어져야 하기 때문이다. 경제 성장 및 경제 활동과 관련된 법안 심사 당시 나는 그 문제를 충분히 실감했다. 제일 처음에는 해당 위원회에서, 그다음엔 의회 회기 중에 똑같은 조항을 똑같은 사람과 한 번, 두 번, 세 번, 네 번까지 만나 입씨름하며 수백 시간을 보내야 했던 것이다. 현재 하나의 안건을 상정하여 투표에 이르기까지 평균 1년 이상이 걸리며 특별한 경우가 아니면 시행령을 내리는 데에도 최소한 그 정도 시간이 걸린다. 그러므로 법안 채택 절차에 대한 재고가 반드시 필요하다.

이와 동시에 정책 평가를 확대하고 정책 시행과 관련된 관리를 강화해야 한다. 정책 평가는 체계적으로 이루어져야 한다. 얼마나 많은 통과 법안이 시행되지 않은 채 사장되어 있는가? 또한, 시행된 법률 중에도 애초의 목표를 달성하지 못한 법이 얼마나 많은가? 따라서 법안 통과 시에는 적용 2년 후에 실효성 평가를 반드시 거치도록 의무화해야 한다. 그리고 법률의 실효성에 대한 설득력 있는 평가가 나오지 않을 때에는 자동 폐기되도록 하는 조항을 주요 법안마다 반드시 포함시켜야 할 것이다.

끝으로 효율적이라는 것은 법률과 텍스트 조항의 안정성을 보장하는 것이다. 조세 정책이나 공공 정책의 뼈대를 같은 임기 내에 매년 혹은 분기마다 바꿀 수는 없다. 바로 앞에 언급한 정책 평가 절차가 좋은 방책이기는 하지만 충분하지는 않다. 그래서 한 번의 임기 동안 공공 정책이나 조세 개혁을 한 번만 하도록 하는 것이 바람직하다고 생각한다. 이는 효율성 담보를 위한 필수 조치이다.

모든 것은 당연히 국가 조직의 대대적 재정비와 함께 이루어질 것이다. 그 과정에서 물론 절제와 안정성은 보장되어야 한다. 현재로선 장관직도 그리고 업무 영역도 명확하거나 안정적이지 못하다. 법률, 규정, 행정 공문 등으로 틀을 분명하게 규정할 필요가 있다. 하지만 현장에서의 자율성 역시 중요하다. 현장의 상황을 가장 잘 아는 사람에게 힘을 실어주고 신뢰를 하는 것이 국가의 역할이다. 그런 사람들은 병원, 학교, 경찰서, 교도소 등 우리 주변 곳곳에 있다. 그들에게 더 많은 자율권을 부여해야 하는 이유는 중앙정부가 통제하기 어려운 현장 고유의 특별한 문제를 매일 맞닥뜨리며 가장 잘 알고 있는 이들이 바로 그 사람들이기 때문이다.

분권화 정책은 새로운 단계로 한발 더 나아가야 한다. 분권화란 중앙 행정부에 집중되어 있는 권한과 책임을 지방 행정부로, 즉 국민과 직접 닿아 있는 기관으로 이전하는 것을 의미한다. 분권화가 필요한 이유는 현장에 있는 책임자가 해결책을 가장 잘 알고 있으며 중앙 정부나 관계 부처에서라면 지역 현실과는 동떨어진 경직된 논리로 일관하는 데다 시간도 오래 걸렸을 일을 매우 현실적이며 실용적 합의로 이끌어낼 능력을 갖추고 있기 때문이다.

국가 조직을 재정비한다는 것은 행정 업무와 인력 관리 방식을 재검토하는 것이다. 좀 더 개방적이고 신속한 시스템을 구축해야 한다. 민간 부문의 다양한 인재 고용을 확대함으로써 개방적 시스템이 가능해진다. 고위직부터 말단 인력까지 모든 직급에서 다양한 분야의 인력을 받아들여야 한다. 그리고 필요한 부서에 더 많은 인력을 배치함으로써 서비스 수요자에게 제대로 대응할 수 있으며 직원들에게도 보다 다양한 업무 경험을 제공할 수 있다. 이는 곧 조직의 신속한 업무 능력으로 이어진다.

현재의 공공 서비스는 국민의 요구에도 적절히 부응하지 못하고 있으며 국가, 병원, 지방 공공 단체 등의 현실에도 맞지 않는다. 그것이 공무원들의 잘못은 아니다. 그들의 성실성과 서비스 정신은 몇 번을 강조해도 부족함이 없을 것이다. 그렇다면 무엇이 문제인지 들여다보아야 한다. 그것은 공무원들을 위해서나 국민을 위해서나 꼭 필요한 일이다.

국가 시스템 쇄신은 기존의 관행과 상충하는 부분이 많이 발생하겠지만, 효율성을 강화하고 공무원들의 주도적 업무를 권장하기 위해서는 반드시 필요한 개혁이다.

좀 더 넓게 보자면 이같은 개혁은 업무와 권한의 민주적 분담으로 이어진다. 일하는 사람을 신뢰하고 그에게 더 많은 권한을 줌으로써 우리가 바라는 개혁이 성공할 수 있을 것이다. 맡은 바

일을 성실히 수행하는 담당자에게 업무에 필요한 수단을 제공하는 것이야말로 민주적인 권한의 배분이라 할 것이다.

개혁을 위해 각 지방단체와 사회와 시민을 신뢰하고 권한을 맡기는 국가가 우리가 필요로 하는 국가이다. 국가의 쇄신이란 그동안 우리가 익숙해져 있던 관행과 이별하고 새로운 사회 규칙에 적응하는 것을 의미한다. 담당자에게 자율권을 보장하는 것이며, 새로운 정책이 제대로 작동하는지, 시도할 필요가 있는지, 시급히 폐기해야 할 것은 무엇인지 점검하고 시험하는 것이고, 정부보다 민간 사회가 더 잘하는 것이 무엇인지 살펴서 사회에 더 많은 책임을 부여하는 것이다.

내가 생각하는 민주적 시민은 국가의 운영을 대표에게 모두 맡기는 소극적 시민이 아니다. 건강하고 현대적인 민주주의는 국가 개혁에 참여하여 자신의 역할을 담당하는 적극적 시민으로 이루어진 체제이다.

물론 국가는 중심 역할을 해야 할 의무가 있다. 국가의 이러한 역할은 심지어 더욱 강화되어야 할 것이다. 왜냐하면, 국가의 힘을 필요로 하는 분야가 너무 많기 때문이다. 강력한 임무의 수행을 위해서 국가는 필요한 모든 수단을 갖추고 있어야 한다. 생명과 직결된 중대한 위협으로부터 국민을 보호하기 위해서 국가가 나서야 한다. 국가 경제의 원활한 운영을 위해서도 마찬가지로 국가는 경제 질서 수호자의 역할을 다 해야만 한다.

지방정부 및 의원들 역시 지금보다 더 많은 역할이 요구된다.

국민의 삶과 바로 가까이 있는 곳에 더 많은 권한과 자유를 보장해 주어야 한다. 지방정부에 권한을 넘겨주는 일은 조만간 우리가 결정해야 할 문제이다. 지금까지 우리 사회에 부족하다고 여겨졌던 실용주의 노선을 추진하는 과정에 바로 지방 분권화 정책은 함께 진행될 것이다.

근로 조건을 결정하는데 있어서 지부별, 기업별 노조의 역할이 강화되어야 할 것이다.

시민 단체는 지금도 그렇지만 앞으로도 중요한 역할을 담당해야 한다. 보건, 교육, 사회 통합 등 여러 분야에서 그들의 활동이 요구된다.

시민 역시 정부 정책의 대상으로서가 아니라 공공 정책의 적극적 주체로서 인정받아야 한다. 국민 개개인이 책임지고 담당할 수 있는 역할 범위를 확대 규정하고자 하는 것이 나의 계획이지만, 그 권한은 실제로 역할을 다하는 자에게 부여하는 것이 옳다고 생각한다.

우리에게는 우리의 꿈을 실현할 수 있는 충분한 가능성이 있다. 우리 프랑스 국민들은 어쩔 수 없이 따르는 수동적인 사람들이 아니다. 그들이 원하는 것은 적극적 참여이다. 이미 동참하고 있으며 점점 더 늘어가고 있다. 그러므로 국민의 능력을 인정하고 그들과 함께 가야 한다. 바로 오늘, 그리고 매일매일의 주인공이자 우리의 영웅이 바로 그들이기 때문이다.

그들이 우리의 영웅인 이유는 우리 사회에 꼭 필요한 주요 활동들이 바로 그들로부터 비롯되기 때문이다. 프랑스 시민들은 자신의 이해관계를 떠나 타인을 위해 적극적으로 나선다. 가족과 자신을 위한 시간을 할애해 가며 사명감을 가지고 투쟁하고 임무를 맡고 혹은 NGO 활동에 자발적으로 참여하기도 한다. 수백만 명의 프랑스 국민이 각종 단체 활동에 참여하고 있으며 시민 안전을 위해 자원봉사 구조대원으로 나서는 사람만 해도 20만 명에 이른다. 국가와 사회에 기여하려는 국민들의 의지는 전국에서 목격된다. 기업, 노조, 협회, 비정부기구, 지방정부 가릴 것 없이 어디에나 가득하다. 정부는 국민들의 이러한 에너지가 결실을 맺을 수 있도록 지원을 아끼지 말아야 한다. 국민들의 활동에 보조를 맞추고, 유연한 활동이 가능하도록 권한을 부여하며 무엇보다 그들을 신뢰해야 한다. 국민의 참여가 개혁의 마지막 고리이며 우리 국가를 지탱하는 기둥이다. 또한, 국가의 단합과 결속을 보장하며 현장의 효율성을 결정짓는 요소이다. 연대, 평등, 자유를 실현하는 것은 공허한 구호가 아니다. 우리 국민들은 국가와 타인을 위한 열정으로 가득 차 있다. 그들은 수동적으로 끌려다니기를 거부하며 자발적으로 봉사하기를 원한다. 그들이 그렇게 할 수 있도록 여건을 만들자.

우리에게는 미래에 도전하고 우리의 운명을 스스로의 손으로 개척할 능력이 있다고 나는 강하게 확신한다. 그러기 위해 필요한 것은 단지 국민 서로 간의 화해뿐이다. 앞에 쓴 모든 글과 페이지가 그런 나의 확신을 증명하고 있다. 그리고 그러한 확신이 있기 때문에 이 책을 쓰게 된 것이기도 하다.

미래를 향한 우리의 모험은 진전하고자 하는 시민들의 열망으로부터 출발한다. 목표에 도달하기 위해서는 시민에 대한 신뢰를 지켜가면서 동시에 현실에 대한 냉철한 시각도 유지해야만 한다.

　나는 프랑스 국민들의 사심 없는 우직함을 사랑한다. 정치 활동 경험이 한 번도 없었던 수많은 사람이 우리와 함께 새로운 시도와 도전에 동참하고자 나서고 있다. 또한, 사회 각계각층의 시민들이 과거의 분열을 너무나 훌륭하게 극복하고 새로운 개혁의 시도에 동참하는 모습에 감탄하지 않을 수가 없다.

　현실을 변화시키고 행동하며 일한 자에게 권한을 부여하는 것, 이러한 정치의 숭고한 의미를 되살려내는 자들이 바로 그들이다.

에필로그

인간은 누구나 각자 살아온 인생의 경험과 스승의 가르침, 가까운 사람들의 믿음, 수많은 고비와 실패를 통해 지금의 자신이 되었다. 이 글을 쓰고 있는 이 시간, 나를 성장시키고 행복의 방향을 제시해 주고 봉사의 길로 들어서게 이끌어 준 사람들을 떠올린다. 그들에게 진 빚을 기억하고 있으며, 그 빚으로 인해 내 마음에 어떠한 결심이 새겨졌는지도 나는 잘 알고 있다. 지금까지 나를 만들어 왔으나 이제는 더 이상 곁에 없는 그들은 지금의 우리 세상을 어떻게 생각할까? 세상은 너무나 많이 변했다. 가끔은 그런 사실이 나를 두렵게 하기도 한다.

하지만 우리가 맞이하게 될 21세기는 약속의 시대가 될 것임을 확신한다. 이런 낙관적 희망은 오래전부터 나를 국가에 봉사하도록 이끌어 왔다.

디지털 혁명, 생태, 기술, 산업혁명이 엄청난 속도와 규모로 확대되고 있는 이때 우리 프랑스가 앞장서서 자신의 역할을 다해야만 한다. 미국, 중국과 거리를 둔 채 사이에 점점 더 깊은 골을 만들어서는 안 된다. 중국은 날이 갈수록 자신의 파워를 강하게 드러내고 있다.

우리가 바라는 목표에 도달하려면 두 가지 조건이 필요하다. 첫 번째 조건은 유럽의 재작동이다. 유럽이야말로 세계화 과정 속에서 우리에게 주어진 커다란 기회이기 때문이다. 두 번째 조건은 우리 자신에 대한 자신감의 회복이다. 자신감은 우리를 움직이게 해 줄 에너지이다. 언젠가부터 우리는 에너지를 상실한 채 무기력한 모습을 보였지만 우리 국민의 내면에는 에너지가 가득 차 있음을 나는 알고 있다.

국민 개개인이 자신의 자리를 다시금 찾아 제 역할을 다할 때 우리의 목표는 현실이 될 것이다.

우리의 꿈을 향한 투쟁에서 대통령이 짊어져야 할 책임감은 막대하다. 나는 그것을 분명히 알고 있다. 대통령은 한 가지 임무만 부여받은 사람이 아니다. 정치뿐 아니라 국가의 모든 일을 겉으로 드러내지 않고 묵묵히 짊어지고 가는 사람이다. 국가가 지켜온 소중한 가치, 역사의 영속성 그리고 공인으로서의 엄격함과 품위까지 책임져야 하는 것이 대통령으로서의 역할이다. 그리고 나는 그럴 준비가 되어 있다.

무엇보다도 우리가 성공할 수 있다고 확신하기 때문이다. 물론 믿음이 있다고 해서 어느 날 갑자기 잠에서 깨어나듯 결심이 서는 것은 아니다. 국가 최고 책임자 자리에 나서겠다는 결심은 내면의 확고한 신념과 역사 인식의 결과이다. 앞서 언급했듯이 나는 다양한 삶을 살아왔다. 그런 인생의 경험들이 나를 지방에서 파리로, 민간기업에서 공직으로 인도했다. 장관직을 포함하여 내가 담당했던 중요한 임무를 통해 우리 시대의 도전이 얼마나 어려운 것인지 가늠할 수 있었다. 내 모든 삶의 여정들이 나를 오늘 이 순간으로 이끌었다.

나의 조국이 다시 고개를 당당히 들기를 바라며 그러기 위해서 천 년을 이어온 우리 역사의 줄기, 바로 인간과 사회의 해방이라는 원대한 꿈을 되찾을 수 있기를 희망한다. 원하는 것을 이룰 수 있도록 최선을 다하는 것, 이것이 우리 프랑스가 그리는 그림이다.

겁에 질린 채 과거의 영광만을 되새김질하는 나라, 모욕과 배척을 일삼는 극단적 나라, 지치고 활기 잃은 나라로 우리 조국을 만들 수는 없다.

나는 자유롭고 자랑스러운 조국, 역사와 문화와 아름다운 국토를 기꺼이 자랑하고 싶은 프랑스를 원한다. 바다로 향하는 수천 개의 하천과 지류, 수많은 산들은 또 얼마나 아름다운가! 그토록 험한 시련의 고비를 넘기면서 여전히 자신을 잃지 않고 정체성을 지켜온 프랑스 국민들은 얼마나 훌륭한가!

나는 자국의 문화와 가치를 후대에 전수할 수 있는 나라, 가능성을 믿고 위험에 도전하며 희망이 가득한 나라, 부당한 특혜와 냉소주의를 용납하지 않는 프랑스를 원한다. 효율적이며 정의롭고 활기찬 나라에서 누구나 자기가 원하는 삶을 선택하며 자신의 노동으로 얻은 수입으로 충분히 삶을 영위할 수 있기를, 프랑스가 바로 그런 나라가 되기를 희망한다.

당신은 이 모든 것들이 한낱 꿈에 지나지 않는다고 말할지도 모른다. 그렇다. 과거 우리 프랑스 국민들은 그 비슷한 꿈을 꾸었다. 그리고 그들은 대혁명을 이루어냈다. 하지만 그 이후 우리는 우리의 꿈을 방치하고 망각하고 배신했다. 그렇다. 이것은 높고 어려운 꿈이다. 그 꿈은 우리의 참여를 요구한다. 자유와 진보를 실현하기 위해 우리가 반드시 성공해야만 하는 민주적 혁명이다. 이것이 우리에게 주어진 소명이며, 나는 이것보다 더 아름다운 소명을 알지 못한다.

마크롱 혁명

Emmanuel Macron Révolution

| 초판 1쇄 인쇄 | 2018년 | 10월 | 30일 |
| 초판 1쇄 발행 | 2018년 | 11월 | 5일 |

지은이 | 에마뉘엘 마크롱　　　　옮긴이 | 강인옥, 임상훈
펴낸이 | 박정태
편집이사 | 이명수　　　　　　　　감수교정 | 정하경
편집부 | 김동서, 위가연, 이정주
마케팅 | 조화묵, 박명준, 송민정　　온라인마케팅 | 박용대
경영지원 | 최윤숙　　　　　　　　번역위원 | 문수혜, 한희

펴낸곳	BOOK★STAR
출판등록	2006. 9. 8. 제 313-2006-000198 호
주소	파주시 파주출판문화도시 광인사길 161 광문각 B/D 4F
전화	031)955-8787
팩스	031)955-3730
E-mail	kwangmk7@hanmail.net
홈페이지	www.kwangmoonkag.co.kr
ISBN	979-11-88768-08-0　　03340
가격	16,000원